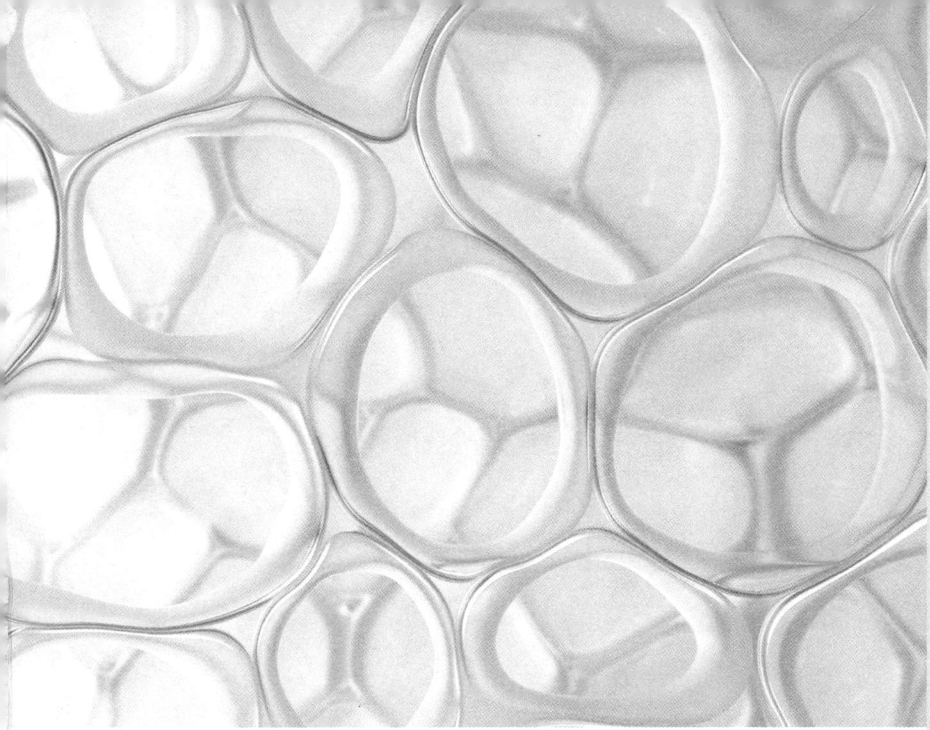

法律人视野下的食品药品
典型案例精编与评析

主编 马金辉 白文慧

以食品药品行业特色为本
以法学典型案例研究为魂

海南医学院

海南省级特色重点学科资助
海南省重点新型智库全健康研究中心成果

编委会

主　编
马金辉　白文慧

副主编
刘　伟　张　茜　朱　琪　李　超　崔连宁
陈艳丽　董佳莉　马宁丰　李俞彤

主　审
韩环环

编写人员简介

- **马金辉**,博士,教授,硕士生导师。海南医学院管理学院副院长,海南南海健康产业研究院研究员。曾作为中国执业律师代理国内首例企业"三权"纠纷案;曾负责国内首例民企并购上市公司的法务运作。

  座右铭:不以物喜,不以己悲。

- **白文慧**,上海财经大学法律硕士,中国执业律师,高级企业合规师,上海市法学会会员,上海市知识产权工作者,上海市生物医药科技发展中心人遗专员,海南医学院医药卫生政策与管理研究中心研究员,具备证券、基金从业资格。曾作为公司法务先后任职于知名肿瘤化学药上市公司、知名肿瘤免疫领域细胞治疗药物研发的 Biotech 跨国公司。作为主编出版著作《海南自由贸易港全健康视角下食品药品安全监管体系研究》。专业领域：医药、医疗器械、医疗、食品领域的公司合规运营方案，投融资法律事务，民商事争议解决。

座右铭：青矜之志，履践致远。

- **韩环环**，苏州大学宪法与行政法学硕士，上海兰迪律师事务所合伙人、家事与财富传承团队主要成员、东塔团队主要创始人之一。多年来始终致力于为客户提供最优质和贴心的私人法律服务，曾在企业从事多年管理工作，深入了解企业经营不善给家庭资产带来的风险，善于运用系统化方案设计，通过提前规划为中产阶级及高净值客户解决家事问题，预防家企财富风险。2022 年 11 月入选上海市长宁公证处"遗产管理人"专家库；2022 年 3 月获聘同济大学法律诊所第 12 期实务导师（家事与财富传承方向）；2021 年和 2018 年分别荣获上海兰迪律师事务所年度"优秀律师奖"；在 2021 年上海市女律师联谊会"铿锵百玫瑰，初心述芳华"活动中讲述初心故事。

座右铭：躬身入局，直面挑战，不辜负这个时代！

- **崔连宁**，上海财经大学法律硕士，中国执业律师，具备证券、基金从业资格，上海市法学会会员、和君商学院会员。专业领域：公司合规、清洁能源、医疗器械、私募基金、房产建工等。拥有多年大型上市公司法律合规服务经验。服务客户主要有清源锂业、致慧医疗、洲创国际展览、郡帆国际贸易、华发地产、新城地产、新华基金、云雀资本、赢翰资本、呼伦贝尔农垦集团、应色设计、荷仕实业等。

  座右铭：世上无难事，只要肯登攀。

- **刘伟**，南开大学法律硕士，北京第二外国语学院英语文学学士，中国执业律师，具备基金从业资格，英语专业八级。具有律师事务所与私募投资机构的双重工作背景。擅长投融资、公司与商事、保险及再保险、私募基金领域的法律服务，在投资基金领域，曾为多家私募基金及其管理人提供基金管理人登记、基金设立、投资、常年法律顾问等服务，参与多起私募基金、营业信托、保险合同及公司与民商事纠纷的诉讼和仲裁案件代理工作，具有丰富的执业经验。

  座右铭：温暖纯良，不舍爱与自由。

- **张茜**，华东政法大学法学学士，香港中文大学法学硕士，中国执业律师，上海游戏产业孵化器创业导师，长三角 AIGC 数字人产业联盟智库专家。拥有多家知名法律机构实务经验，包括红圈所、中国国际经济贸易仲裁委员会香港仲裁中心（CIETAC HK）等，长期关注"互联网＋科技"前沿领域，常年为多家行业内知名机构提供法律服务，曾办理多起知识产权及数据项目，处理多起商事合同纠纷及执行案件，具有丰富的实务经验，为企业开设的新公司法解读、合同管理与风险防控、知产与数据保护等法律讲座得到广泛好评。专业领域：知识产权（专利、商标、著作权、商业秘密、不正当竞争、软件著作权等）及数据相关，企业法律顾问，民商事诉讼仲裁。

  座右铭：凡事发生，必有利于我。

- **朱琪**，同济大学法律硕士，曾为中国执业律师，具备法律职业资格。律师执业期间，曾参与大型第三方支付企业专项法律意见项目，独立处理诸多民商事争议解决案件及公司日常法律顾问事务，代理案件入选中国消费者协会 2021—2022 年度"全国消费维权十大典型司法案例"。现任一家新消费品牌企业法务。专业领域：民商事争议解决、劳动用工、广告合规、企业内控等。

  座右铭：功不唐捐，玉汝于成。

编写人员简介

- **李超**，上海对外经贸大学法学硕士，中国执业律师，具备法律职业资格、证券从业资格、基金从业资格。擅长私募领域内的资产争议解决、复杂商事诉讼。曾参与境内外多起私募基金备案、私募基金管理人登记及资产管理计划的设立筹备工作，处理过诸多资产管理、私募基金产品及信托产品等纠纷的诉讼和仲裁案件，具有丰富的实务经验。

  座右铭：我能够理解失败，但绝对不能理解未曾奋斗的自己。

- **陈艳丽**，华东政法大学法律硕士，具备中国律师职业资格和专利代理师资格，致力于知识产权领域研究和实践多年。曾就职于国内大型律师事务所和大型企业，长期为国内外企业提供知识产权相关服务，处理多起知识产权行政纠纷和诉讼纠纷，具有中国、美国、德国、澳大利亚、日本和印度等国家或地区的知识产权服务经验。

  座右铭：尽己力，听天命。无愧于心，不惑于情。顺势而为，随遇而安。

- **董佳莉**,清华大学医学部-北京协和医学院中药学硕士,目前在地方卫生健康主管部门工作。

  座右铭:总有一天你会感谢现在的你,感谢现在的你的付出和坚持。

- **马宁丰**,西南政法大学生态法学院法学学士。

  座右铭:法者,天下之程式也,万世之仪表也。

- **李俞彤**,海南医学院公共卫生学院公共卫生硕士。

  座右铭:学习的目的,是时刻提醒自己的才疏学浅。

前　言

"律者，所以定分止争也。"——《管子·七臣七主》

自然人、法人或其他组织之间的交易构成的行为与结果，形成了法律关系。眼下随着人们对健康生活的不断追求，健康领域的法律服务需求也与日俱增。然而食品、药品领域具有非常强的专业性，往往导致各主体在面临法律争议时，对自身的主张是否符合法律规定、司法机关会在何种程度上支持其主张等问题感到无所适从。产生这些问题的根本原因是人们对当下的食药领域法律体系和司法实践不了解，进一步讲，食药领域的法律法规较为繁杂，因而想在短时间内迅速了解的难度较大。遵循判例法制度的英美法国家的司法人员、律师在办新案子的过程中可以适用在先判例，从而对新案件的走向有更多预判的依据，正如美国大法官霍姆斯说的，"法律的生命不在于逻辑，而在于经验"。我国虽然不属于判例法国家，但经过几位律师对中国已公开的案例进行摘录、研读后编撰成本书，能够帮助想要初步了解食品药品领域的公司法务人士、公司合规人士、律师、法学院学生等群体更快速、系统地把握食药领域法律法规的内涵。

本书共收录食品药品领域的行政、民事及刑事等案例近百篇，全书分上、下两篇，上篇为食品案例评析，下篇为药品案例评析。在收录原则方面，优先纳入最高人民法院发布的指导性案例、典型案例，以及各省高级人民法院发布的参考性案例；在分析内容方面，主要对案例中提炼出的某个具体问题或争议焦点展开研读。在食品方面，例如，食品销售者故意销售明知是不符合食品安全标准的食品的，未导致消费者人身损害的情形下，是否仍可以主张十倍赔偿金？再如，在食品中添加的虽然不是国家禁止添加的非法物质，但如果该物质对人体具有同等危害，是否应认定为"有毒、有害的非食品原料"？在药品方面，例如，在药物临床试验关系中，受试者与实施临床试验的医疗机构之间存在医疗服务合同和药物临床试验合同，是否又与临床试验的申办者之间存在合同关系？药品生产许可证延期换证是否指明证书的许可期限得到延长？药品通用名称成功注册商标是否须起到区分药品来源的作用？等等。

本书以务实、专业化为特色，不以法学理论深厚为特长，旨在分析执法、司法一线案例中透露的行业问题的解决思路和法律应用效果。不足之处，欢迎各位读者不吝批评指正！也欢迎各界朋友与我们探讨食品药品在执法、司法实践中的问题，我们的邮箱是：baiwenhui111@163.com。

"真者，精诚之至也，不精不诚，不能动人。"——《庄子·渔父》

感谢我的法学启蒙恩师——海南医学院管理学院副院长马金辉老师，在马老师全程的参与和指导之下，本书得以最终成稿。感谢我执业之初的带教律师——上海兰迪律师事务所合伙人韩环环律师对本书的审读指正。感谢对本书的编写贡献了宝贵时间的我的同事：刘伟、张茜、朱琪、李超、崔连宁、陈艳丽，他们均是毕业于我国知名高校法学院毕业的法律人，作为副主编的他们每人负责编写了本书1—2章的内容。感谢我的高中同窗董佳莉，拥有药学硕士背景的她帮我们解读了案例中涉及的专业名词。同时感谢马宁丰、李俞彤两位优秀的在校生对本书案例校订所做的贡献。

白文慧

2024年6月

目 录

前言 　　　　　　　　　　　　　　　　　　　　001

上篇　食品案例评析

第一章　食品生产　　　　　　　　　　　　　003
　　一、食品生产行为　　　　　　　　　　　　003
　　二、食品的召回　　　　　　　　　　　　　010
　　三、食品生产安全监管　　　　　　　　　　015

第二章　食品经营　　　　　　　　　　　　　021
　　一、食品经营许可　　　　　　　　　　　　021
　　二、食品经营安全　　　　　　　　　　　　024
　　三、网络食品经营　　　　　　　　　　　　030
　　四、食品进出口　　　　　　　　　　　　　034

第三章　特殊食品　　　　　　　　　　　　　039
　　一、特殊医学用途配方食品　　　　　　　　039

二、婴幼儿配方食品　　044
　　三、保健食品　　052

第四章　食品知识产权　　062
　　一、食品商标　　062
　　二、食品专利　　070

下篇　药品案例评析

第五章　药品研制与生产　　079
　　一、药品注册　　079
　　二、药品临床试验　　087
　　三、药品生产　　095

第六章　药品经营　　103
　　一、药品经营许可　　103
　　二、网络药品交易　　107
　　三、药品进出口　　110
　　四、医疗机构药事管理　　113

第七章　中药　　119
　　一、中药材生产经营　　119
　　二、中药饮片生产经营　　124

第八章　特殊药品　　130
　　一、疫苗　　130

二、血液制品 135
三、麻醉药品与精神药品 140
四、医疗用毒性药品与药品类易制毒化学品 144

第九章　药品知识产权 156
一、药品商标 156
二、药品专利 163

后记 180

案 例 目 录

1. 江苏省无锡市某食品科技有限公司诉无锡市质量技术监督局高新技术产业开发区分局质监行政处罚案　003
2. 上海市某食品有限公司、河北省某食品有限公司、杨某等生产、销售伪劣产品案　005
3. 龙某诉河北省某电子商务股份有限公司北京市分公司买卖合同纠纷案　007
4. 某公司与徐某产品责任纠纷案　008
5. 广东省某药业集团有限公司诉意大利某药厂产品责任纠纷案　010
6. 湖北省荆门市某连锁超市有限公司某市店与湖北省荆门市沙洋县食品药品监督管理局处罚上诉案　012
7. 广州市某生物科技有限公司与陈某某追偿权纠纷案　014
8. 雷某、李某甲、李某乙生产、销售有毒、有害食品案　016
9. 陶某等生产、销售不符合安全标准的食品案　017
10. 江苏省南通市某绿色食品有限公司与江苏省南通市某超市某加盟店买卖合同纠纷案　019
11. 湖南省长沙市开福区市场监督管理局与湖南省长沙市

开福区某餐饮店行政非诉审查案	021
12. 张某与山东省青岛市黄岛区食品药品监督管理局食品药品安全行政管理（食品、药品）纠纷案	023
13. 梁某与陈某产品责任纠纷案	025
14. 庄某与梁某购物合同纠纷案	026
15. 孙某生产、销售有毒、有害食品案	027
16. 莫某食品监管渎职案	029
17. 浙江省台州市仙居县某电子商务有限公司与浙江省台州市仙居县市场监督管理局行政处罚纠纷案	030
18. 李某与福建省厦门市海沧区某日代食品店、浙江省某网络有限公司网络购物合同纠纷案	032
19. 王某等生产销售有毒有害食品、销售有毒有害食品案	033
20. 山东省青岛市平度市某酒水商行与山东省青岛市平度市食品药品监督管理局食品药品安全行政管理（食品、药品）纠纷案	035
21. 刘某与广西壮族自治区东兴市某进出口贸易有限公司买卖合同纠纷案	036
22. 郑某、孙某走私国家禁止进出口的货物、物品案	037
23. 北京市某公司某商贸中心与北京市朝阳区市场监督管理局行政处罚案	040
24. 姜某与广东省某医药连锁有限公司买卖合同纠纷案	041
25. 周某与某信息科技有限责任公司、浙江省某网络有限公司产品责任纠纷案	043
26. 申请执行人江苏省南京市建邺区市场监督管理局与被执行人江苏省南京市某有限公司某店申请强制执行行政处罚案	045

27. 古某与中华人民共和国金陵海关、中华人民共和国南京
海关行政复议再审案　　　　　　　　　　　　　047
28. 於某诉上海市某百货有限公司买卖合同纠纷案　　　049
29. 胡某与广州市白云区新市某孕婴用品店、广州市白云区
新市某婴童用品店产品责任纠纷案　　　　　　　051
30. 颜某、程某与周某、吉林省某生物科技有限公司等侵权
责任纠纷案　　　　　　　　　　　　　　　　　053
31. 北京市某生物技术开发有限公司、习某等生产、销售
有毒、有害食品案　　　　　　　　　　　　　　055
32. 张某与贵州省某商贸有限责任公司产品销售者责任
纠纷案　　　　　　　　　　　　　　　　　　　057
33. 陈某销售有毒、有害食品案　　　　　　　　　　059
34. 胡某非法行医案　　　　　　　　　　　　　　　060
35. 广西壮族自治区某酒业有限公司诉湖南省湘潭市工商
行政管理局雨湖分局行政处罚决定案　　　　　　062
36. 北京市A科技有限公司、北京市B科技有限公司与
河南省周口市某食品有限公司、江苏省姑苏区某零食
店侵害商标权纠纷案　　　　　　　　　　　　　064
37. 浙江省杭州市某食品有限公司与钱某、浙江省某网络
有限公司侵害商标权纠纷案　　　　　　　　　　065
38. 北京市某食品饮料有限公司与山东省某罐头食品有限
公司侵害商标权纠纷案　　　　　　　　　　　　067
39. 广东省深圳市某饮料实业有限公司诉广东省广州市
某食品有限公司等侵害商标权及不正当竞争纠纷案　068
40. 河南省新乡市知识产权局、河南省新乡市某车辆有限
公司专利行政管理(专利)案　　　　　　　　　　070

41. 上海市某饮料设备工程有限公司诉上海市某机械自动
化有限公司侵害实用新型专利权纠纷案　　　　　　　071
42. 林某与北京市某商贸有限公司、安徽省某食品有限公司
侵害发明专利权纠纷案　　　　　　　　　　　　　　073
43. 浙江省嘉兴市某化工有限责任公司、上海市某新技术
有限公司侵害技术秘密纠纷案　　　　　　　　　　　075
44. 江苏省某制药有限公司与北京市某医药技术研究所
技术转让合同纠纷案　　　　　　　　　　　　　　　079
45. 中华人民共和国（原）国家食品药品监督管理总局与
越南某药品有限责任公司许可类审判监督案　　　　　081
46. 吴某、倪某犯生产、销售假药案　　　　　　　　　　084
47. 李某、冉某诉某公司等药物临床试验合同纠纷案　　　087
48. 某医药公司投资（中国）有限公司遭科技部行政处罚案　089
49. 某制药股份有限公司与江苏省扬州市某医药新技术
有限公司技术委托开发合同纠纷案　　　　　　　　　091
50. 吴某等侵犯商业秘密案　　　　　　　　　　　　　　093
51. 海南省某药业有限公司、海南省某制药有限公司与
海口市某制药股份有限公司技术转让合同纠纷案　　　095
52. 四川省成都市某制药有限公司、四川省成都市龙泉驿区
市场和质量监督管理局延长证书有效期纠纷案　　　　100
53. 北京市某大药房有限公司与北京市朝阳区食品药品
监督局行政责任纠纷案　　　　　　　　　　　　　　103
54. 某制药有限公司与上海某药业有限公司合同责任纠纷案　104
55. 王某与刘某某等非法经营案　　　　　　　　　　　　106
56. 福建省泉州市某医药公司行政处罚案　　　　　　　　107
57. 江苏省海安市朱某某等销售假药刑事附带民事公益诉讼案　108

58. 林某甲、蓝某某、韦某某、林某乙销售假药案 109
59. 浙江省宁波市某货运有限公司与江西省某股份有限公司进出口代理合同纠纷案 111
60. 张某与黄某等人销售假药案 112
61. 施某某与福建省石狮市药品监督管理局纠纷案 113
62. 付某与广东省广州市越秀区卫生和计划生育局卫生行政管理纠纷案 115
63. 汤某等与某武警总医院第三医学中心医疗产品责任纠纷案 116
64. 许某医疗事故纠纷案 117
65. 郑某与马某网络购物合同纠纷案 119
66. 陈某与重庆市某百货连锁经营有限公司等产品销售者责任纠纷案 122
67. 徐某与四川省某中药饮片股份有限公司一般行纪合同纠纷案 125
68. 李某、齐某等生产、销售假药案 127
69. 广西壮族自治区南宁市武鸣区食品药品监督管理局、广西壮族自治区南宁市武鸣区府城中心卫生院不服管理行政处罚纠纷案 130
70. 向某、田某诉被告湖南省张家界市桑植县陈家河镇卫生院、湖南省张家界市桑植县疾病预防控制中心生命权纠纷案 132
71. 杨某、宋某玩忽职守案 134
72. 上海市某干细胞工程有限公司与上海市卫生局行政强制决定案 135
73. 邢某某等与新疆医科大学附属肿瘤医院医疗损害责任纠纷案 137

74. 苏某某非法组织卖血案 　　　　　　　　　　　138

75. 徐某某、颜某某贩卖毒品案 　　　　　　　　140

76. 殷某某非法经营案 　　　　　　　　　　　　141

77. 北京市某医院有限公司与北京市工商行政管理局海淀
　　分局处罚及复议决定上诉案 　　　　　　　　142

78. 湖北省某药业有限公司与安徽省某中药饮片有限公司
　　确认合同无效纠纷案 　　　　　　　　　　　144

79. 河北省某大药房连锁有限公司与河北省石家庄市工商
　　行政管理局行政处罚纠纷案 　　　　　　　　146

80. 朱某某、吴某等六人非法经营案 　　　　　　149

81. 黄某非法买卖制毒物品案 　　　　　　　　　153

82. "新华"商标侵权纠纷案 　　　　　　　　　　156

83. 北京市某集团公司诉假冒药品销售者商标侵权获赔
　　纠纷案 　　　　　　　　　　　　　　　　　157

84. 某药品公司与国家工商行政管理总局商标评审委员会、
　　某制药公司商标争议行政案 　　　　　　　　159

85. 上海市某医院投资管理有限公司与国家工商行政管理
　　总局商标评审委员会纠纷案 　　　　　　　　160

86. 广东省深圳市某制药厂与海南省海口市某制药厂关于
　　"某冲剂"商标纠纷案 　　　　　　　　　　　161

87. 某药业有限公司与某集团下属制药厂侵害发明专利权
　　纠纷案 　　　　　　　　　　　　　　　　　164

88. 北京市某药业有限责任公司与国家知识产权局专利复
　　审委员会、某会社发明专利权无效行政纠纷案 　166

89. 张某某与河北省石家庄制药集团 A 有限公司、河北省
　　石家庄制药集团 B 制药有限公司、河北省石家庄制药

集团C制药技术有限公司、吉林省D药业有限公司
侵犯发明专利权纠纷案　　　　　　　　　　　　171
90. 湖北省某药业股份有限公司与某制药有限公司、王某某
侵犯发明专利权纠纷案　　　　　　　　　　　　174
91. 北京市知识产权局处理"用ω-羧基芳基取代的二苯脲
作为raf激酶抑制剂"发明专利侵权纠纷案　　　176
92. 江苏省某食品有限公司、上海市某新技术有限公司诉
王某集团有限公司、浙江省宁波市王某科技股份有限
公司侵害技术秘密纠纷案　　　　　　　　　　　177

上 篇

食品案例评析

第一章 食 品 生 产

一、食品生产行为

根据《中华人民共和国食品安全法》的规定,国家对食品生产实行许可制度,企业未取得食品生产许可,不得从事食品生产活动。从事食品生产活动,应当依法取得食品生产许可证。2014年10月23日,国务院通过关于取消和调整一批行政审批项目等事项的决定(国发〔2014〕50号),将食品生产许可改为后置审批,规定食品经营者必须先照后证。在我国境内从事食品生产活动,应当先行取得有相关经营范围的营业执照等合法主体资格,之后依据《中华人民共和国食品安全法》(以下简称《食品安全法》)、《中华人民共和国食品安全法实施条例》《中华人民共和国行政许可法》《食品生产许可管理办法》的规定取得食品生产许可证。

(一)监管部门可对超出许可范围生产食品的企业进行行政处罚

——江苏省无锡市某食品科技有限公司诉无锡市质量技术监督局高新技术产业开发区分局质监行政处罚案[1]

【案件要旨】企业生产行为属于生产经营活动,企业超出许可

---

[1] 参见江苏省无锡市中级人民法院(2012)锡行终字22号《行政判决书》、江苏省无锡市高新技术产业开发区人民法院(2011)新行初字第3号《行政判决书》。编写人员为了突出拟评析的主要法律问题及表达方便,可能将部分案件事实略去。如需了解该案详细情况,请查阅判决书原文。

范围生产食品的,属于未经许可从事食品生产经营活动,负有对辖区内从事食品生产经营的企业进行监管职责的行政机关有权对其作出行政处罚。

【关键词】食品生产;许可范围;行政处罚

【案情简介】2010年12月30日、2011年1月13日,被告无锡市质量技术监督局高新技术产业开发区分局(以下简称新区质监局)执法人员对原告江苏省无锡市某食品科技有限公司(以下称某公司)进行检查。检查中发现,该公司的生产车间内正在生产肉制品(上浆肉丝、上浆鸡小块)。仓库内堆放有已包装的速冻调理生肉制品成品。因涉嫌未经许可从事食品生产经营活动,新区质监局于2011年1月13日对库存成品采取了查封措施,并开具了《责令改正通知书》,要求该公司制定新的产品标准。后某公司于1月18日、19日擅自转移了部分被查封的成品合计21 675千克,货值金额511 820.1元。1月20日,被转移的查封产品全部追回并重新进行了查封。

另查明,原告某公司已取得肉制品(酱卤肉制品)、方便食品(其他方便食品)、豆制品(非发酵性豆制品)三个单元成品的食品生产许可证,但其于2010年10月开始生产的新产品速冻调理生肉制品不包含在已获证产品范围内。4月21日,被告新区质监局作出了锡新质监罚告字〔2011〕第18号《行政处罚告知书》。5月19日,被告新区质监局作出了锡新质监罚字〔2011〕第19号《行政处罚决定书》。原告某公司不服,6月2日向无锡市人民政府申请行政复议。9月7日,无锡市人民政府作出〔2011〕锡行复第103号《行政复议决定书》,维持了该处罚决定书。本案经过一审、二审,最终裁判维持被告新区质监局作出的锡新质监罚字〔2011〕第19号《行政处罚决定书》。

【朱琪点评】本案之所以二审终审审结,主要争议焦点在于该案件中《行政处罚决定书》的法律适用问题及从事"生产经营活动"的要件是"生产或经营"还是"生产并经营"。

关于法律适用问题,《食品安全法》较《食品生产加工企业质量安全监督管理实施细则》(以下简称《实施细则》)和《中华人民共和国工业产品生产许可证管理条例》(以下简称《条例》)具有更高阶位的法律效力,且《条例》《实施细则》在国质检发〔2009〕365号一文中明确规定属于国务院行政法规,不属于法律。两者适用选择不遵循特别法优于普通法的原则,应依上位法优于下位法的规定为准,对同一事项《食品安全法》有规定的,以《食品安全法》的规定为准。

关于从事"生产经营活动"要件问题,《食品生产许可管理办法》通过准用性规则明确将企业的生产行为纳入生产经营范围。

(二) 回收食品、超过保质期的食品不可作为原料生产

——上海市某食品有限公司、河北省某食品有限公司,杨某等生产、销售伪劣产品案[1]

【案件要旨】回收产品、超过保质期的食品作为原料生产的食品安全风险已由法律确定,依法认定为不合格产品,生产该类产品构成生产、销售伪劣产品罪。

【关键词】回收食品;超过保质期的食品;不合格产品

【案情简介】被告人杨某、贺某、陆某、杜某同被告单位上海某食品有限公司、河北某食品有限公司共同违反《食品安全法》

---

[1] 参见上海市嘉定区人民法院(2015)嘉刑初字第1698号《刑事判决书》。

的禁止性规定,在生产过程中,以不合格产品冒充合格产品并予以销售。其中两被告单位于2013年5月和6月,生产、销售的部分食品因不符合原告某公司的工艺和原料要求,被退货或终止订单,造成相关产品大量积压。同年下半年,两被告单位母公司深加工事业部为挽回经济损失,经相关管理人员商议,决定将上述产品继续销售或作为原料进行生产。各被告人根据被告人杨某等人的指令,按各自的职责参与相关产品的再加工等生产活动。

法院最终裁判各被告单位犯生产、销售伪劣产品罪,并处罚金,各被告人犯生产、销售伪劣产品罪,并处罚金。违法所得予以追缴,在案伪劣产品予以没收。

【朱琪点评】本案中,上海某食品有限公司和河北某食品有限公司作为多家知名快餐连锁品牌的食品原料供应者,所供应的食品存在食品安全问题,产生的社会影响十分恶劣。同时,本案也为食品企业刑事合规提供了部分思路。

本案控辩双方争议焦点主要在于回收食品与召回食品的区别,以及食品保质期是否可因生产计划、客户需求等发生变化。(原)国家质量监督检验检疫总局在关于严禁在食品生产加工中使用回收食品作为生产原料等问题的通知中明确,回收食品包括"因各种原因停止销售,由批发商、零售商退回食品生产加工企业的各类食品及半成品",并"禁止生产经营用回收食品作为原料生产的食品",在《食品召回管理规定》中则明确召回的食品是"不符合食品安全标准的食品",根据不同情形,处置时"采取补救、无害化处理、销毁等措施"。食品保质期是食品生产经营者对食品质量安全作出的承诺,保质期一经确定,不得随意更改。《食品安全法》明确规定禁止生产经营超过保质期的食品。

（三）未取得食品生产许可并非实质不符合食品安全标准

——龙某诉河北省某电子商务股份有限公司北京市分公司买卖合同纠纷案①

【案件要旨】食品生产许可证是食品生产和流通的前提，是食品符合食品安全标准的一项重要表征。然食品生产许可属于行政管理的范畴，未取得食品生产许可而生产的食品未必都是不安全的食品，故涉诉食品未取得生产许可，未标注食品生产许可证编号，并不必然意味着其实质上不符合食品安全标准。

【关键词】食品生产许可；食品安全标准

【案情简介】2014年9月4日，龙某从河北省某电子商务股份有限公司北京分公司（以下简称某公司）经营的电子商务网站购买了香菊礼盒20盒，单价436元，黑加仑葡萄干10罐，单价130元，总价10 020元。其中，香菊礼盒为纸箱包装，内外包装均未标注食品生产许可证号、产品标准代码；黑加仑葡萄干为玻璃瓶包装，标签上标注有保质期，但无论是玻璃瓶体还是标签的任何部位，均未打印或标注具体生产日期、也未标注产品标准代码。法庭辩论终结前，某公司未能证明香菊礼盒实际获得了食品生产许可证，亦未能提交证据证明香菊礼盒实质上是安全的并符合获得生产许可证的安全生产要求。法院裁判被告某公司退还原告龙某货款，并支付原告龙某十倍赔偿款。

【朱琪点评】二审法院认为案件争议焦点主要在某公司的行为是否属于销售明知不符合食品安全标准的食品。这里包含了涉诉食品是否不符合食品安全标准的判断，以及某公司是否存在"明

---

① 参见北京市第三中级人民法院（2015）三中民（商）终字第06181号《民事判决书》、北京市朝阳区人民法院（2014）朝民（商）初字第39586号《民事判决书》。

知"的主观状态的判断。

其一,《食品安全法》规定对食品生产经营实行许可制度,从事食品生产应当依法取得食品生产许可证。食品生产许可证是食品生产和流通的前提,食品生产许可证是食品符合食品安全标准的一项重要表征,但没有食品生产许可证,生产的食品并不意味着食品实质性不符合食品安全标准,此时由生产、经营者对未取得食品生产许可证的理由进行合理说明,并对食品实质上符合食品安全标准承担举证证明责任。

其二,食品的销售者应对其所销售的食品是否符合食品安全标准进行严格审查,以尽到注意义务。应《中华人民共和国民法典》的施行,最高人民法院关于审理食品药品纠纷案件适用法律若干问题的规定中进行了相应的修正,第六条中首先明确了认定食品是否安全,需由食品的生产者与销售者承担举证责任,其次统一了其认定标准,一般食品以国家标准为依据,对没有国家标准的地方特色食品,以地方标准为依据,最后兜底以《食品安全法》的相关规定为依据。

(四) 无证生产食品行为的认定属 有权行政机关的职权范围

——某公司与徐某产品责任纠纷案[①]

【案件要旨】 本案案由为产品责任纠纷中的产品生产者责任纠纷,属特殊侵权责任。对于食品是否符合食品安全标准的认定,不宜简单以食品生产者是否取得食品生产许可为依据。未经许可从事食品经营活动与生产不符合食品安全标准的食品所应承担的法律责任不同。无证生产食品行为的认定属有权行政机关的职权

---

① 参见北京市第三中级人民法院(2016)京03民终114号《民事判决书》、北京市朝阳区人民法院(2015)朝民初字第13290号《民事判决书》。

范围,民事法官不能以自由心证逾越突破。

【关键词】食品生产许可;食品安全标准

【案情简介】徐某购买了某公司生产的葛根提取物片、胶原蛋白片、苹果醋咀嚼片、左旋肉碱片若干。徐某认为,某公司虽取得了产品名称为糖果制品(糖果)的全国工业产品生产许可证,但其取得的食品生产许可证副页载明的申证单元为糖果,食品品种明细为糖醇片,而涉案产品外包装均未标明糖果或糖果制品,超出了许可证副页载明的品种明细范围。据此,徐某以涉案产品属无证生产为由主张不符合食品安全标准,要求某公司承担十倍赔偿责任。北京市朝阳区人民法院审理后认为涉案产品属无证生产,判决某公司承担十倍赔偿责任。某公司不服,提起上诉。北京市第三中级人民法院判决撤销一审判决,驳回徐某的诉讼请求。

【朱琪点评】本案的争议焦点经法院归纳主要是涉案产品是否符合食品安全标准。一审期间,双方就涉案产品是否属于无证生产进行辩论,一审法院认为某公司所生产的涉案产品违反了关于国家对食品生产经营实行许可制度及企业不得超出许可品种范围生产食品的规定,涉案产品属于无证生产的产品,进而认定涉案产品不符食品安全标准,支持了涉案产品的惩罚性赔偿。

二审法院将此观点予以纠正,认为食品生产许可与食品安全标准分属不同的范畴,《食品安全法》的惩罚性赔偿应严格囿于法定,针对的是生产不符合食品安全标准的食品的行为,且涉案产品是否属于无证生产的认定属有权行政机关职权范围,不属于法官自由心证范围。

本案中,某公司提供了广东省珠海市质量技术监督局的复函以及与涉案产品相关的行政诉讼案件中市质量技术监督局的答辩状以初步证明涉案产品不属于无证生产,较为关键。

二、食品的召回

根据《食品安全法》的规定,我国建立食品召回制度。食品生产者发现其生产的食品不符合食品安全标准或者有证据证明可能危害人体健康的,应当立即停止生产,召回已经上市销售的食品,通知相关生产经营者和消费者,并记录召回和通知情况。同样,食品经营者发现其经营的食品有如上情形的,应当立即停止经营,通知相关生产经营者和消费者,并记录停止经营和通知情况。食品生产者认为应当召回的,应当立即召回。食品经营者自身造成其经营的食品有上述情形的,食品经营者应当召回。

除了食品生产者对因标签、标志或者说明书不符合食品安全标准而被召回的食品,在采取补救措施且能保证食品安全的情况下向消费者明示补救措施可以继续销售外,对召回的食品,食品生产经营者应当采取无害化处理、销毁等措施,防止其再次流入市场。据此,在食品召回方面,(原)国家质量监督检验检疫总局令第98号公布,并于2007年8月27日实施了《食品召回管理规定》,之后(原)国家食品药品监督管理总局令第12号公布了自2015年9月1日起施行的《食品召回管理办法》,两者的规定不相冲突之处仍然有效。

(一)因生产原因导致缺陷的产品,生产商是召回最终责任人

——广东省某药业集团有限公司诉
意大利某药厂产品责任纠纷案[①]

【案件要旨】生产原因导致产品缺陷,生产商是直接责任人,

---

① 参见最高人民法院(2019)最高法商初1号《民事判决书》、广东省中级人民法院(2017)粤01民初58号《民事判决书》、广东省高级人民法院(2017)粤民终3184号《民事判决书》。

通过层层召回最终要返还产品生产商处进行处理,如缺陷产品为境外生产,缺陷产品的境外生产商是召回缺陷产品的最终责任主体,在其不履行召回义务的情形下,境内销售商即使与境外生产商之间没有合同关系,其仍有权依据《中华人民共和国产品质量法》《中华人民共和国侵权责任法》等相关法律规定,直接向境外生产商主张权利。

【关键词】产品召回;合同过错;药品召回

【案情简介】细菌溶解物"兰菌净"(Lantigen)系意大利某药厂的产品,经(原)国家食品药品监督管理总局(以下简称国家食药监管总局)颁发进口药品注册证,允许进口使用。香港某公司,经意大利某药厂指定在中国独家销售兰菌净。2013年11月,广东某药业集团有限公司与香港某公司签订独家经销协议,约定广东某药业集团有限公司独家从香港某公司处进口兰菌净,在中国内地独家销售。

2016年1月,国家食药监管总局发布《关于停止进口脑蛋白水解物注射液等4个药品的公告》,认定兰菌净实际生产工艺与注册工艺不一致,实验室存在数据完整性问题,生产过程中存在交叉污染风险,不符合药品管理的相关规定,要求停止进口兰菌净,并责令召回。此后,广东某药业集团有限公司多次发函要求意大利某药厂召回兰菌净,意大利某药厂未予回应。2017年11月,国家食药监管总局药品化妆品监管司向意大利某药厂发出关于责令召回和整改的通知,要求意大利某药厂承担产品质量责任,履行召回主体责任。因意大利某药厂未召回兰菌净,导致广东某药业集团有限公司尚未销售的234 719瓶兰菌净无法处理。故其诉至法院要求意大利某药厂赔偿其损失。

【朱琪点评】产品召回制度在《食品安全法》《缺陷汽车产品召

回管理条例》《中华人民共和国侵权责任法》《药品召回管理办法》的逻辑是可自洽的,即产品生产商是缺陷产品召回的最终义务人。产品召回制度的宗旨在于维护消费者的合法权益不因产品缺陷而遭受损害。产品链接终端为消费者和产品生产商,产品经销商在产品召回制度中仅是一个中间环节,是产品召回制度中连接消费者和产品生产商之间的一条纽带,生产者对于产品召回应承担终极责任。当产品经销商向消费者承担了产品召回义务后,可向产品生产商主张因其怠于履行召回义务的赔偿责任。此时产品生产商的行为属于不作为侵权行为,赔偿损失范围限于产品经销商承担产品召回义务的直接损失,包含库存产品、召回产品的损失、为实施产品召回所支付的费用、处置召回产品的费用等,但不包括商业风险性质的可得利益损失。

(二) 无论是否能实际召回食品,召回问题产品需履行通知义务

——湖北省荆门市某连锁超市有限公司某市店与湖北省荆门市沙洋县食品药品监督管理局处罚上诉案[1]

【案件要旨】食品经营者发现其经营的食品不符合食品安全标准时,有通知消费者的义务,故无论食品经营者能否实际召回问题食品,均应履行法定义务。

【关键词】食品召回;通知义务

【案情简介】2017年3月10日,湖北省荆门市沙泽县食品药品监督管理局(以下简称"沙食药局")对湖北省荆门市某连锁超市有限公司某市店(以下简称某市店)正在销售的某花生酱丁进行了

---

[1] 参见湖北省荆门市中级人民法院(2017)鄂08行终50号《行政判决书》、湖北省荆门市掇刀区人民法院(2017)鄂0804行初71号《行政判决书》。

监督抽检,并于同日委托湖北中检检测有限公司对抽样物品进行了封存检验,《检验报告》显示涉案产品检验结论为不合格。2017年4月6日,沙食药局收到该《检验报告》,同日,沙食药局将该《检验报告》以直接送达的方式送达某市店,在规定的时间内,某市店未对该《检验报告》提出异议,也未提出复检要求。同日,沙食药局向某市店送达了《食品安全监督抽检不合法责令改正通知书》,要求某市店按要求查找问题原因、制定整改方案、提交书面整改复查申请和整改报告,积极配合现场复查验收和复查检验工作。某市店在规定的期限内未按《食品安全监督抽检不合法责令改正通知书》的要求查找问题原因、制定整改方案,也未采取一定的方式告知消费者停止食用。经听证,沙食药局作出(沙)食药监食罚(2017)80号《行政处罚决定书》。

某市店认为其已履行进货查验制度,没有主观故意,且"告知消费者停止使用"的召回制度,没有可操作性,向法院请求撤销《行政处罚决定书》。

【朱琪点评】《食品安全法》第四条规定食品生产经营者对其生产经营食品的安全负责,系对食品生产者及经营者保障食品安全义务的原则性规定。本案中,某市店的抗辩理由所援引《食品安全法》第一百三十六条的"进货查验等义务"并非限于该项进货查验义务,同时还包括了该法所规定的其他义务,如告知相关生产经营者和消费者的义务、食品经营企业的进货查验记录义务等。在某市店仅履行进货查验义务的情况下,并不能免除其行政处罚。依据《食品安全法》第六十三条,食品经营者发现其经营的食品不符合食品安全标准时,有通知消费者的义务,应采取积极措施防范食品安全风险,无论能否实际召回食品,均应履行法定义务。

(三) 未完全履行召回义务，应承担惩罚性赔偿金
——广州市某生物科技有限公司与
陈某某追偿权纠纷案①

【案件要旨】产品的生产者无法证明在销售的产品不是其公司生产，也无法提供充分证据证明其完全履行生产者的召回义务，理应承担向消费者支付惩罚性赔偿金的法律责任。

【关键词】追偿权；产品责任分配

【案情简介】陈某某为广东省梅州市梅江区某婴童用品专卖店（以下简称某专卖店）的个体经营者。2015年3月18日，消费者刘某称其于2014年8月23日、2015年1月21日到某专卖店购买了由广州市某公司生产的某含鱼肝油产品，该产品属违规产品，广州市某公司作为生产者，不可能不知道产品配料鱼肝油属药品，不能添加至普通食品，且在2014年中央电视台"3·15"晚会发布后，知道是不能销售的产品后还一直不下架召回，明显是知假售假为由，向广州市萝岗区人民法院提起诉讼。经一审、二审判决广州市某公司、某专卖店向刘某支付赔偿金。后广州市某公司认为陈某某是某专卖店的经营者，责任应由陈某某承担，向法院提起上诉，要求陈某某承担赔偿金的连带责任。法院裁判广州市某公司对涉案款项承担80%的责任，陈某某承担20%的责任。

【朱琪点评】《食品安全法》中并未明确规定生产者和经营者之间就产品责任承担连带责任，两者对产品责任承担的是不真正连带责任。本案中涉案产品已由产品生产者对消费者进行先行赔偿。产品生产者主张其已要求经销商下架、召回全部产品，应提供

---

① 参见广东省梅州市中级人民法院（2016）粤14民终719号《民事判决书》、广东省梅州市梅江区人民法院（2016）粤1402民初615号《民事判决书》。

充分证据证明其已履行生产者的召回义务,否则应承担赔偿责任。广州市某公司作为涉案产品的生产者,在未能提供充分证据证明其完全履行了召回义务时,应承担向消费者支付惩罚性赔偿金的法律责任。且广州市某公司作为生产商对涉案损害的发生存在较大过错,应承担主要责任,法院酌定裁判其承担80%的责任。本案中之所以裁判经营者承担20%的过错,是因涉案产品已由国家明令禁止销售,同时在2014年3月15日中央电视台"3·15"晚会已经曝光的情况下,经营者明知涉案货物要下架却仍然在销售是故意行为,构成销售明知不符合食品安全标准的食品,应承担相应的民事责任。

三、食品生产安全监管

在食品监督检查领域,现行法规为原国家食品药品监管总局令第23号《食品生产经营日常监督检查管理办法》,适用于市、县级市场监管部门按照年度的日常监督检查计划对食品生产经营者的日常监督检查,即市场监管部门依照本办法对食品生产经营者执行食品安全法律、法规、规章及标准、生产经营规范等情况,按照年度监督检查计划和监督管理工作需要实施的监督检查,是基层监管人员按照《食品生产经营日常监督检查要点表》和《食品生产经营日常监督检查结果记录表》等相应检查表格对食品生产经营者基本生产经营状况开展的合规检查。日常监督检查也包括按照上级部门部署或根据本区食品安全状况开展的专项整治、接到投诉举报等开展的检查等情况。相应地,如食品生产经营者出现撕毁、涂改日常监督检查结果记录表,拒绝、阻挠、干涉市场监督管理部门进行监督检查,以暴力、威胁等方法阻碍监督检查人员依法履行职责的,将承担相应的行政责任甚至刑事责任。为配合实施《食品安全法》,落实"四个最严"于食品安全监督检查领域,国家市场监督管理总局于2021年12月24日公布了《食品生产经营监督检查管理办法》,该办法针对监督检查的规定再次细化,对于食品生产经营者日常的自检自查有重要的参考意义。

(一)因食品安全犯罪被判有期徒刑以上刑罚的,终身限制从事食品生产经营管理工作

——雷某、李某甲、李某乙生产、
销售有毒、有害食品案①

【案件要旨】因食品安全犯罪被判处有期徒刑以上刑罚的,终身不得从事食品生产经营管理工作,也不得担任食品生产经营企业食品安全管理人员。

【关键词】地沟油;从业禁止期限

【案情简介】2014年10月,被告人雷某在四川省乐山市犍为县开设火锅店,从事火锅制售服务。开业时即雇用被告人李某甲为该火锅店的炒料师傅,负责熬制该店火锅底油、分装熬制的火锅底油成袋、配制火锅锅底。2015年9月,被告人李某乙应李某甲邀请进入该火锅店,协助李某甲分装熬制的火锅底油成袋和配制火锅锅底。

2018年4月20日,雷某为非法获利,对李某甲提出将收集的废弃油脂(俗称"地沟油"或"回收油")煎干水分,再加料制作火锅底油销售,帮厨李某乙将顾客食用后的废弃油脂收集到塑料桶内,由李某甲运到该店炒料房,李某甲将废弃油脂煎干水分,并掺入菜籽油、海椒、花椒等香料熬制火锅底油,待火锅底油冷却后再运回该店,由帮厨李某乙分装成袋,销售给顾客食用。

2019年1月30日,犍为县市场监督管理局在该店内现场查

---

① 参见四川省乐山市中级人民法院(2020)川11刑终67号《刑事判决书》、四川省乐山市犍为县人民法院(2019)川1123刑初229号《刑事附带民事判决书》。

获：装满废弃油脂的塑料桶、装满使用废弃油脂熬制好待分装火锅底油的塑料桶、分装好且包装袋上印有"森林源·感受经典,引领味动,一锅红艳煮沸生活,一次性锅底,内部专用"字样的火锅底油油袋;与此同时,在该店的炒料房内现场查获:装满熬制好待分装火锅底油的不锈钢桶3个、装有少量废弃油脂残渣的塑料桶9个及花椒、海椒、中药香料、菜籽油等材料。

【朱琪点评】本案中,检察院在刑事指控被告人犯生产、销售有毒、有害食品罪的同时,也提起了刑事附带民事公益诉讼,要求被告人赔礼道歉,支付销售金额十倍赔偿金。刑事附带民事公益诉讼请求获法院支持,关于从业禁止期一审法院裁判被告人雷某、李某甲自刑罚执行完毕之日起五年内,被告人李某乙在缓刑考验期内禁止从事食品生产经营管理工作,不得担任食品安全管理人员。

但《中华人民共和国刑法》第三十七条之一第三款规定,其他法律、行政法规对其从事相关职业另有禁止或者限制性规定的,从其规定。《食品安全法》第一百三十五条第二款规定,因食品安全犯罪被判处有期徒刑以上刑罚的,终身不得从事食品生产经营管理工作,也不得担任食品生产经营企业食品安全管理人员。

二审法院据此改判被告人的从业禁止期应为终身。本案二审终审判决严正警告触犯食品安全犯罪的犯罪分子,对社会影响重大。

(二)病、死猪肉不可再加工

——陶某等生产、销售不符合安全标准的食品案[①]

【案件要旨】使用死因不明或病、死猪进行加工,制作成食品对外销售时,该食品属于病死、死因不明或者检验检疫不合格的

---

① 参见广西壮族自治区南宁市兴宁区人民法院(2014)兴刑初字第534号《刑事判决书》。

畜、禽、兽、水产动物及其肉类、肉类制品的，应当认定为《中华人民共和国刑法》第一百四十三条规定的"足以造成严重食物中毒事故或者其他严重食源性疾病"，构成生产、销售不符合安全标准的食品罪。

【关键词】病、死猪肉

【案情简介】2013年以来，被告人周某、李某、文某（另案处理）为牟取非法利益，在无经营资格且未经卫生检验检疫部门检疫的情况下，从广西壮族自治区南宁市周边县镇收购死因不明或病、死猪，其中，周某、李某在南宁市兴宁区人民路北一里431号房内对上述收购来的猪肉进行切分并销售。被告人姚某、唐某则在广西壮族自治区南宁市兴宁区人民路北一里247号房内帮助文某对上述收购来的猪肉进行切分并销售。

2014年1月17日，工商部门联合公安机关在广西壮族自治区南宁市兴宁区人民路北一里431号房内查获疑似病、死猪的猪肉966千克，在广西壮族自治区南宁市兴宁区人民路北一里247号房内查获疑似病、死猪的猪肉609千克。经鉴定，从两处查获的猪肉中检出为狂犬病毒、猪繁殖和呼吸综合征（蓝耳病）病毒核酸、高致病性猪蓝耳病病毒核酸及猪圆环病毒呈阳性。

另2011年12月起，被告人陶某甲、黄某、陶某乙为牟取非法利益，先后从"肥英"、周某、文某处购买切分好的死因不明或病、死猪的猪肉，由被告人陶某乙驾驶车辆将猪肉运回广西壮族自治区南宁市兴宁区燕子岭上六巷23号陶某甲等人租住的房屋内，三人共同将购回的猪肉加工制作成叉烧后销售至广西壮族自治区南宁市内的某桂林米粉店。

【朱琪点评】本案为2015年最高人民法院公布的14起打击危害食品、药品安全违法犯罪典型案例之一，涉案产品送检后检出多种病毒。

生产、销售不符合食品安全标准的食品所造成的社会影响巨大,《最高人民法院、最高人民检察院关于办理危害食品安全刑事案件适用法律若干问题的解释》明确规定,病死、死因不明或检验不合格的畜、禽、兽、水产动物及其肉类、肉类制品直接认定为生产、销售不符合食品安全标准的食品罪中足以造成严重食物中毒事故或者其他严重食源性疾病的,以此严格规制食品生产环节。同时,与《中华人民共和国民法典》配套的最高法《关于审理食品安全民事纠纷案件适用法律若干的解释(一)》中对打击制售食品的"黑作坊"采取了针对性的举措,指出生产经营应标明生产者名称、地址的预包装食品,如未标明,消费者主张生产者或经营者依据食品安全法第一百四十八条第二款规定承担惩罚性赔偿责任的,人民法院应予以支持。

(三)食品生产企业应建立食品出厂检验记录制度

——江苏省南通市某绿色食品有限公司与江苏省南通市某超市某加盟店买卖合同纠纷案[①]

【案件要旨】食品生产企业应当建立食品出厂检验记录制度,如食品经营者因食品生产企业未完全履行食品出厂检验记录制度受到行政处罚时,食品生产企业应赔偿食品经营者损失。

【关键词】食品出厂检验记录;进货勘验义务

【案情简介】2018年8月6日,江苏省南通市某超市(以下简称某超市)进购一批虾拌酱并售卖,生产厂商为江苏省南通市某绿

---

① 参见江苏省南通市中级人民法院(2020)苏06民终906号《民事判决书》、江苏省海安市人民法院(2019)苏0621民初5210号《民事判决书》。

色食品有限公司(以下简称某绿色食品有限公司)。2019年3月14日,因群众举报该超市涉嫌销售超过保质期限的食品和销售未标注生产日期的虾拌酱,江苏省南通市海安市市场监督管理局(以下简称市场监管局)于当日立案调查。经市场监管局调查,该超市于2019年3月14日销售没有标注生产日期的虾拌酱2瓶,由某绿色食品有限公司生产。2019年7月8日,市场监管局作出海市监听字〔2019〕第E051号《行政处罚听证告知书》。2019年7月12日,市场监管局作出海市监案字〔2019〕170号处罚决定书:对该超市没收虾拌酱2瓶、罚款3万元。2019年7月31日,该超市支付罚款3万元。另查明,市场监管局于2019年3月14日在原告某超市查封的两瓶未标注生产日期的虾拌酱的商品条码,与2018年8月6日的销货单中虾拌酱的商品条码一致。法院裁判被告某绿色食品有限公司于判决生效后10日内向原告该超市某加盟店支付赔偿款2.1万元。

【朱琪点评】在产品最终流向消费者的途中,根据《食品安全法》食品生产者应建立食品出厂检验记录制度,查验出厂食品的检验合格证和安全状况,如实记录食品的名称、规格、数量、生产日期或者生产批号、保质期等内容。如食品生产者交付的产品未标注生产日期则直接认定构成合同违约。食品经营者应建立进货检查验收制度,如实记录食品的名称、规格、数量、生产日期或者生产批号、保质期、进货日期以及供货者名称、地址、联系方式等内容,如发现存在食品安全问题时,应及时提出异议,经进一步证实所进食品不符合食品安全要求的,可以拒绝验收进货。本案主要考虑食品生产者违约行为以及食品经营者怠于履行进货检查验收制度,酌情裁判由食品生产者承担70%的行政罚款。

第二章 食品经营

一、食品经营许可

根据《食品安全法》的规定,国家对食品经营实行许可制度。除了销售食用农产品不需要取得许可,从事食品销售应当依法取得食品经营许可证。由此常常产生的疑问是:食品经营许可证上的主体业态和经营项目与营业执照上的经营范围是否有联系?根据食药监办食监二函〔2016〕591号《食品药品监管总局办公厅关于明确食品经营许可有关问题的复函》答复为没有直接联系。营业执照解决的是主体资格的合法性问题,对于能否从事、具体能从事什么食品经营项目,由市场监管部门根据食品经营相关法律法规确定。

(一)未取得食品生产经营许可不得从事食品生产经营活动

——湖南省长沙市开福区市场监督管理局与湖南省长沙市开福区某餐饮店行政非诉审查案[①]

【案件要旨】 未取得食品生产经营许可不得从事食品生产经营活动,未获得食品经营许可证,即存在未经许可从事餐饮服务的违法行为,应当承担相应责任。

---

① 湖南省长沙市开福区人民法院(2020)湘0105行审31号《行政非诉审查裁定书》。

【关键词】食品经营许可证；经营活动

【案情简介】2018年10月25日，申请执行人湖南省长沙市开福区市场监督管理局对被执行人湖南省长沙市开福区某餐饮店(以下简称某餐饮店)位于长沙市开福区万科城29栋106室的经营场所进行现场检查，该场所取得了工商登记营业执照，但不能提供食品经营许可证，存在未经许可从事餐饮服务的违法行为，于是下达了(开福)食药监食责改〔2018〕0003002号《责令改正通知书》，要求某餐饮店的经营者张某立即停止未取得食品经营许可的食品经营活动。后经查，被执行人从2018年4月27日至2018年10月9日入驻某餐饮服务平台经营，收入为369元，于是又下达了《行政处罚告知书》和《听证告知书》，告知被执行人某餐饮店的经营者张某的行为违反了《网络餐饮服务食品安全监管管理办法》第四条的规定。被申请执行人在法定期限内对该行政决定未申请行政复议或提起行政诉讼，也未履行该行政决定。其于2020年5月22日向被执行人送达了《行政决定履行催告书》(编号：开市监催字〔2020〕0000015号)，但被执行人在规定期限内仍未履行行政决定。

【刘伟点评】① 依据《网络餐饮服务食品安全监管管理办法》第二十七条的规定，申请执行人湖南省长沙市开福区市场监督管理局作为食品安全监督管理部门有权对未依法取得食品经营许可证从事网络餐饮服务的违法行为进行处罚，其执法主体资格合法。② 被执行人未依法取得食品经营许可证从事网络餐饮服务的违法行为已经调查核实，申请执行人在《行政处罚决定书》中认定该违法行为具有事实依据，证据充分。③ 申请执行人认定被执行人的行为违反了《网络餐饮服务食品安全监管管理办法》第四条的规定，在考虑被执行人某餐饮店的经营者张某具有已停止违法经营且经营额小的从轻或减轻处罚情节后,依据《食品安全法》第一百二十二条、《网络餐饮服务食品安全监管管理办法》第三十八条的规定决定对被执行人某餐饮店的经营者张某处以没收违法所得369元,罚款1万元的处罚,其适用法律正确,处罚适当。④申请执行人在处罚前就处罚决定所依据的事实、理由及法律依据和当事人所享有的陈述、申辩等权利进行了告知,处罚程序合法。⑤被执行人在法定复议和诉讼期间未申请行政复议和提起行政诉讼,申请执行人在申请执行前履行了相应的催告义务,向人民法院申请强制执行,符合法律规定。故法院判决准予强制执行,并责令被执行人在限期内履行决定书的义务。

(二)市场监督管理部门有权查处未取得食品生产经营许可从事食品生产经营活动的行为

——张某与山东省青岛市黄岛区食品药品监督管理局
食品药品安全行政管理(食品、药品)纠纷案①

【案件要旨】未取得食品生产经营许可不得从事食品生产经营活动,市场监督管理部门有权查处未取得食品生产经营许可从事食品生产经营活动的行为。

【关键词】食品生产经营许可;查处

【案情简介】2016年9月14日,被告执法人员到山东省青岛市黄岛区某按摩店进行检查,发现该店货架上摆放着保健品及台账一宗。原告提供不出食品经营许可证,被告据此作出行政处罚决定,认为原告在进行食品销售,对原告进行了处罚。原告认为,原告没有进行食品销售,所购保健品一部分是自己食用,一部分帮朋友代买。被告经调取证据发现,原告自按摩店成立至今一直在

---

① 参见山东省青岛市黄岛区人民法院(2017)鲁0211行初39号《行政判决书》。

从事食品经营活动,事实清楚,证据充分。

法院判决被告对原告作出的行政处罚决定证据确凿,适用法律正确,符合法定程序,该行政处罚决定合法。原告的诉讼请求不成立,应予驳回。

【刘伟点评】依据《中华人民共和国行政诉讼法》第六十九条规定,行政机关作出的行政行为是否合法主要从以下几个方面判断,即行政职权、行政事实、行政程序和行政依据。被告作为食品药品监督管理部门(现已重组为市场监督管理部门)有权查处未取得食品生产经营许可从事食品生产经营活动的行为。在行政事实方面,法院认为,在被告所做的询问调查笔录中,原告陈述称,在没有办理食品经营许可证的情况下,其从2016年6月开始销售保健食品,结合被告的现场检查笔录、台账、物品照片等证据,足以认定原告在没有办理食品经营许可证的情况下,违法销售保健食品的事实。在行政程序方面,被告在作出行政处罚决定前,向原告送达了《行政处罚事先告知书》及《听证告知书》,告知了原告享有的权利,处罚决定也依法送达给了原告,被告的处罚程序合法。在法律适用方面,被告在查清事实的基础上,依据《食品安全法》及《中华人民共和国行政处罚法》的有关规定作出行政处罚决定,适用法律正确。

二、食品经营安全

食以安为先,食品安全关乎人民的切身利益。《食品安全法》中对"食品安全"的定义为:食品无毒、无害,符合应当有的营养要求,对人体健康不造成任何急性、亚急性或者慢性危害。

以上定义中的"营养要求",规定在各类食品的国家标准和针对普通食品的省、自治区、直辖市人民政府卫生行政部门制定的地方标准之中。而根据《食品安全法》的规定,特殊食品不属于地方特色食品,因此仅适用国家标准,不得制定特殊食品地方标准。另外《食品安全法》要求,生产经营的食品中不得添加药品,但是可以添加按照传统既是食品又是中药材的物质。

(一)食品销售者故意销售明知是不符合食品安全标准的食品的,消费者虽未受到人身权益损害,仍可主张食品价款十倍赔偿金
——梁某与陈某产品责任纠纷案①

【案件要旨】食品销售者故意销售明知是不符合食品安全标准的食品的,消费者虽未受到人身权益损害,仍可向食品销售者主张食品价款十倍赔偿金。

【关键词】明知;十倍赔偿金

【案情简介】梁某于2014年1月18日、1月19日在个体工商户陈某处购买某胶囊2盒,每盒288元,共计576元;购买某减肥果5盒,每盒198元,优惠后5盒共594元;前述两样商品共花费1170元。梁某回家服用后感觉身体不适,怀疑该产品为假冒伪劣产品。梁某上网查询所购买到的这些产品,发现均为假冒伪劣产品。陈某在梁某投诉后消极应对,拒绝为梁某出具正规发票。在梁某投诉到广东省东莞市食品药品监督管理局(以下简称食药监局),陈某被现场查处后仍没有丝毫悔改的表现。梁某于2014年1月20日向广东省东莞市食药监局举报陈某经营的专柜销售假冒保健品,食药监局前往该专柜进行检查,发现上述产品均为冒用厂名、厂址的假冒保健食品,该局已督促陈某前来接受调查处理。

【刘伟点评】本案争议焦点为梁某要求陈某支付价款十倍的

---

① 广东省东莞市中级人民法院(2014)东中法民二终字第982号二审《民事判决书》。

赔偿金11 700元是否合法有据。原审法院认为《食品安全法》第九十六条规定的赔偿属于惩罚性赔偿，需要以消费者受到"人身、财产或者其他损害"为前提。案涉食品没有对梁某造成人身损害。而依据《最高人民法院关于审理食品药品纠纷案件适用法律若干问题的规定》第十五条，惩罚性赔偿不以消费者人身权益遭受到损害为前提，原审法院以《食品安全法》第九十六条规定消费者要求销售者支付价款十倍的赔偿金的前提要件之一是造成人身、财产或者其他损害，而梁某并未举证证明因购买涉案商品对其造成人身、财产或者其他损害，因此不支持梁某依据上述法条规定诉请陈某支付十倍的赔偿金，原审法院该认定属于理解法律错误，故二审法院依法予以纠正。

（二）进口水果应符合我国《获得我国检验检疫准入的新鲜水果种类及输出国家地区名录》的相关记载

——庄某与梁某购物合同纠纷案①

【案件要旨】我国对食品生产经营实行许可制度，从事食品生产经营，应当依法取得相关行政许可。进口水果应符合我国《获得我国检验检疫准入的新鲜水果种类及输出国家地区名录》的相关记载。

【关键词】进口水果；食品经营许可

【案情简介】梁某于2019年1月8日在庄某经营的淘宝店铺某果屋购买"日本静冈皇冠网纹哈密瓜"1箱，共6个，梁某共支付价款2 800元。庄某当天通过快递从深圳发货，梁某于1月9日在北京市房山区收到涉案商品。梁某提交的产品照片显示，涉案产品无中文标签。2019年1月14日，梁某申请退货，1月21日申请

---

① 北京互联网人民法院(2019)京0491民初1710号《民事判决书》。

退款成功。梁某提交的中华人民共和国海关总署2018年10月30日更新公布的《获得我国检验检疫准入的新鲜水果种类及输出国家地区名录》中记载,输出国家日本的水果种类只有苹果和梨。

【刘伟点评】 2018年10月30日,我国海关总署更新公布了《获得我国检验检疫准入的新鲜水果种类及输出国家地区名录》,其中日本的哈密瓜不属于获得我国检验检疫准入的水果,且外包装没有中文标签,庄某作为销售者未能提供涉案商品的合法进口凭证,因此涉案商品不符合我国食品安全标准,庄某对其采购的进口食品未尽到进货查验义务,销售明知是不符合我国食品安全标准的食品,应当承担相应的赔偿责任。

根据我国《最高人民法院关于审理食品药品纠纷案件适用法律若干问题的规定》第三条,销售者以购买者明知食品存在质量问题而仍然购买为由进行抗辩的,人民法院不予支持。在实际参与办理的案件中,有多数购买者明知某产品是不属于上述名录中的水果种类而购买,然后通过诉讼手段向销售者进行索赔,法院倾向于判决销售者承担赔偿责任,故因此提醒相关销售者,在销售涉及进口产品时,应严格根据国家的相关法律法规及政策开展经营活动,以减少法律风险。

(三)沙丁胺醇系禁止用于所有食品动物的物品。经营销售者在进货、经营销售过程中,应事先查明是否具有动物产品检疫合格证明

——孙某生产、销售有毒、有害食品案[①]

【案件要旨】 沙丁胺醇系(原)中华人民共和国农业部(现为中华人民共和国农业农村部)2002年4月5日公布的第193号公告《食

---

① 山东省济南市长清区人民法院(2018)鲁0113刑初145号一审《刑事判决书》。

品动物禁用的兽药及其他化合物清单》①中禁止用于所有食品动物的物品。经营销售者在进货、经营销售过程中,应事先查明货源是否具有动物产品检疫合格证明。

【关键词】沙丁胺醇②;食品动物禁用的兽药

【案情简介】被告人孙某长期在山东省济南市长清区某街道某村经营某店。2017年5月27日,孙某在未查验动物产品检疫合格证明的情况下,购进猪肉10.8千克并销售给顾客食用。2017年6月9日,长清区食品药品监督管理局在该店抽检取样猪肉1.53千克,经检验,该批次猪肉含有沙丁胺醇成分。沙丁胺醇系(原)中华人民共和国农业部2002年4月5日公布的第193号公告《食品动物禁用的兽药及其他化合物清单》中禁止用于所有食品动物的物品。法院判决孙某犯销售有毒、有害食品罪,判处有期徒刑6个月,缓刑一年(缓刑考验期限从判决确定之日起计算),并处罚金5 000元,在缓刑期内禁止从事食品生产、销售及相关活动。

【刘伟点评】根据《中华人民共和国刑法》第一百四十四条的相关规定,销售明知含有有毒有害的非食品原料的食品,应承担相应的刑事责任。沙丁胺醇为我国原农业部2002年4月5日公布的第193号公告中明确禁止的药品及其化合物,被告人作为销售者,却未尽查验的义务,因此获刑。随着国家医疗科技的进步和发展,相关的禁用药品清单会随之更新,但监管机构强调销售机构履

---

① 该清单被2019年12月27日《中华人民共和国农业农村部公告第250号》废止,更新版清单请参考网址:http://www.moa.gov.cn/nybgb/2020/202002/202004/t20200414_6341556.htm。

② 沙丁胺醇是一种短效β2肾上腺素能受体激动剂,用作平喘药,能有效地抑制组胺等致过敏性物质的释放,防止支气管痉挛。添加微量沙丁胺醇于牲畜饲料内,可以增加牲畜的瘦肉量,提升换肉率,减少脂肪,但是其毒性远高于具有相同功能的莱克多巴胺。在现代猪肉养殖中被用作瘦肉精,来提高生猪的瘦肉产量。2002年始,被列为养殖行业违禁药物,不得在畜禽养殖中添加。——董佳莉补充

行查验的义务不会松懈,故建议相关销售经营者随时关注该方面法规政策,尽职尽责,使得销售行为合规合法,维护动物源性食品安全和公共卫生安全。

(四)国家机关相关工作人员玩忽职守,造成严重后果的构成食品监管渎职罪
——莫某食品监管渎职案①

【案件要旨】作为国家机关中受委托从事公务的负有食品安全监督管理职责的人员,未认真履行职责,玩忽职守,造成严重后果,其行为构成食品监管渎职罪。

【关键词】受委托从事公务的人员;食品监管渎职罪

【案情简介】被告人莫某自2012年1月起任湖南省邵东县质量技术监督局食品安全监督股股长并主持该股全面工作,负责全县食品生产企业换发证及日常监管工作。2013年,湖南省邵东县某肉类加工厂申请办理工业产品生产许可证,同年7月,省、市验收组提出该厂存在原材料采购验证缺陷、专业人员技术部分不足等方面的问题,需要进行整改。根据湘质监发〔2011〕228号《省级食品生产许可内部工作程序(试行)》文件的规定,由邵东县质量技术监督局予以审查确认,被告人莫某在审查确认过程中未认真进行审查,对没有整改到位的邵东县某肉类加工厂出具了审查结论为合格的《食品生产许可审查改进表》,致使邵东县某肉类加工厂骗取了工业产品生产许可证,并进行病死猪肉的生产、加工、销售。中央电视台等多家媒体对此进行了报道,造成了恶劣的社会影响。公诉机关认为,被告人莫某身为国家机关中受委托从事公务的人员,负有食品安全监督管理职责,玩忽职守,造成严重后果。其行

---

① 湖南省邵东县人民法院(2017)湘0521刑初142号一审《刑事判决书》。

为触犯了《刑法》第四百零八条。

【刘伟点评】根据《中华人民共和国刑法》第四百零八条的规定,被告人莫某作为国家机关中受委托从事公务的负有食品安全监督管理职责的人员,未认真履行职责,玩忽职守,造成严重后果,其行为已构成食品监管渎职罪。公诉机关指控被告人莫某犯食品监管渎职罪,事实清楚,证据充分,故法院予以支持。

三、网络食品经营

近些年网购食品需求增长迅猛,随着电子商务在我国的高速发展以及跨境电商的逐步兴起,越来越多的食品生产经营者、网络平台参与网络食品经营的领域。在网络食品经营中,参与主体主要有食品生产者、入网食品生产经营者、网络食品交易第三方平台提供者,以及最终的消费者。其中"食品生产者"指仅参与食品生产而不参与入网食品经营的生产者。"入网食品生产经营者"可以分为两类:销售自产食品的食品生产者和仅拥有食品经营许可证的食品经营者。

(一)网络食品交易第三方平台提供者,应当对入网食品经营者进行实名登记,依法应当取得许可证的还应当审查其许可证

——浙江省台州市仙居县某电子商务有限公司与浙江省台州市仙居县市场监督管理局行政处罚纠纷案[①]

【案件要旨】网络食品交易第三方平台提供者,应当对入网食品经营者进行实名登记,明确其食品安全管理责任;依法应当取得许可证的,还应当审查其许可证。

---

① 浙江省台州市仙居县人民法院(2017)浙1024行初29号一审《行政判决书》。

【关键词】网络食品；食品安全管理责任；许可证

【案情简介】2016年4月11日，浙江省台州市仙居县某电子商务有限公司（原告）接到被告仙居县市场监督管理局工作人员电话通知，某微信公众号合作店铺存在无证、照经营情况，于当日下午接到责令改正通知书，其积极配合整改，提供相关证据材料。经浙江省台州市仙居县市场监督管理局立案调查，其中合作某甲店铺的餐饮服务许可证过期，某小炒店铺无营业执照和食品经营许可证，某比萨店铺无食品经营许可证，某乙店铺餐饮服务许可证过期，某丙店铺无食品经营许可证，其向上述5家店铺（下称"该5家店铺"）共收取服务费314.36元。浙江省台州市仙居县市场监督管理局依据《食品安全法》第一百三十一条第一款，作出行政处罚：没收违法所得314.36元，并处以5万元罚款。原告称应过罚相当，不能片面地依据《食品安全法》作出行政处罚。被告称作出的行政处罚行为事实清楚、证据充足，处罚适用法律准确，处罚得当。法院最终驳回原告的诉请。

【刘伟点评】网络交易平台提供者本身并不参与交易，其网络服务提供者的身份使作为信息中介的平台获得了避风港原则的保护，但随着线上交易的迅猛发展，要其切实保障网络购物中消费者的合法权益，就要合理地确定网络交易平台责任[1]。根据我国《食品安全法》第六十二条第一款及第一百三十一条规定，网络食品交易第三方平台提供者，应当对入网食品经营者进行实名登记，明确其食品安全管理责任，同时依法应当取得许可证的，还应当审查其许可证。在本案中原告违反了《食品安全法》的相关规定，故应承担相应的责任。

---

[1] 北京市第四中级人民法院2020年6月11日发布的《北京市第四中级人民法院互联网民商事审判十大典型案例》。

(二)网络交易平台不承担因网络购物买卖合同解除而产生的退还货款的责任
——李某与福建省厦门市海沧区某日代食品店、浙江省某网络有限公司网络购物合同纠纷案①

【案件要旨】网络交易平台不承担因网络购物买卖合同解除而产生的退还货款的责任,网络交易平台尽到合理注意义务后,便无须承担合同解除产生的不利后果。

【关键词】网络购物;退还货款

【案情简介】原告李某诉称,原告于2017年4月22日通过被告浙江省某网络有限公司开设的某网站,在被告福建省厦门市海沧区某日代食品店(以下简称某日代店)开设的店铺名为"某日本正品代购"的网上店铺购买了该日代店出售的产地为日本的清肠酵素片2盒,实付款920元。原告收到上述产品食用后出现腹痛,并发现涉案产品预包装上没有中文标签,且配料中成分中非法添加沸石、蜡烛树、长萌黄麻、匙羹藤等非食品原料添加剂。此外,涉案产品中还添加了孕妇、婴幼儿不能食用的芦荟,而被告某日代店在产品介绍中诱导称孕妇、儿童可以食用。综上,被告某日代店出售不符合食品安全标准的食品,且不顾食品安全,向原告出售非法添加且孕妇不能食用的不符合食品安全标准的不安全食品。被告浙江省某网络有限公司冻结了涉案购货款。法院最终判决某日代店支付原告货款十倍赔偿金9 200元,驳回原告要求某网站共同承担赔偿责任等其他诉请。

【刘伟点评】根据相关法律规定,经营明知是不符合食品安全标准的食品,消费者除要求赔偿损失外,还可以向经营者要求支付

---

① 上海市浦东新区人民法院(2017)沪0115民初45943号一审《民事判决书》。

价款十倍或者损失三倍的赔偿金。被告某日代店出售的涉案商品不符合食品安全标准,原告据此要求被告某日代店支付货款十倍赔偿金9 200元符合法律规定。此外,在被告某日代店入驻某网站交易平台时,被告浙江省某网络有限公司审查了被告某日代店的主体资质,并留存了相关营业执照、食品流通许可证的复印件,且在原告与某日代店出现纠纷时,及时冻结系争货款。在某网站已经尽到了合理注意义务的前提下,便无须再承担因购物合同主体一方或双方提出的解除合同而产生的不利后果。

(三)被告人的行为同时构成非法经营罪与生产、销售有毒、有害食品罪的行为时,应该择一重罪处罚

——王某等生产销售有毒有害食品、销售有毒有害食品案[①]

【案件要旨】 根据相关法律法规规定,因涉及生产销售食品为目的,被告人的行为同时构成非法经营罪与生产、销售有毒、有害食品罪的行为时,应该择一重罪而处罚,即应该定性为生产、销售有毒、有害食品罪定罪处罚。

【关键词】 他达拉非;择一重罪

【案情简介】 2016年以来,被告人王某某以牟利为目的,加入多个"保健品生产群",销售他达拉非。2017年2月至案发,王某某在明知王某购入他达拉非是用于生产保健食品并销售的情况下,为获取利益仍向其销售6千克,非法获利11 400元。被告人王某以牟利为目的,在山东省济宁市邹城市租赁的民房内,将从王某某处购入的他达拉非添加淀粉、苦味剂后,生产、加工"虫草鹿鞭王""虫草强肾王""雪域藏宝""第五元素"等保健食品通过微信予

---

① 山东省泰安市泰山区人民法院(2018)鲁0902刑初293号一审《刑事判决书》。

以销售。2017年7月中旬至案发,王某在明知其购入的"老中医片"中添加有毒有害原料的情况下,仍予以销售牟利。2017年5月至8月,被告人王某将"虫草鹿鞭王""虫草强肾王""雪域藏宝""第五元素""老中医片"销售给被告人赵某某,销售金额为65 341.7元,其中销售"老中医片"30.82元。赵某某在明知王某生产、销售的保健品中掺有有毒、有害的非食品原料的情况下,仍通过网店、微信销售给不特定的顾客食用。其中,被告人赵某某通过网店的销售金额为51 649.6元。2017年6月至8月,被告人石某某在明知王某生产、销售的保健品中掺有有毒、有害的非食品原料的情况下,仍花费9 470元多次从王某处购入"虫草鹿鞭王""虫草强肾王",通过网店销售给不特定的顾客食用。现查明,被告人石某某通过网店的销售金额为30 372元。

经审理,法院判决被告人犯生产、销售有毒有害食品罪,判处有期徒刑,并处罚金;责令被告人承担附带民事赔偿责任。

【刘伟点评】根据《国家食品药品监督管理局办公室关于发布保健食品中可能非法添加的物质名单(第一批)的通知》,他达拉非属于非法添加物质;《保健食品管理办法》中也明确规定,保健品属于食品的一种。被告人损害了不特定被害人的生命健康权,被告人王某某的行为同时构成非法经营罪与生产、销售有毒、有害食品罪,应该择一重罪而处罚,故本案被告人王某某的行为应该定性为生产、销售有毒、有害食品罪。被告人除应受刑事处罚外,还应承担相应的民事侵权责任。

四、食品进出口

伴随着跨境食品贸易的兴起,国家对食品进出口环节的监管规定也逐步完善,主要的规定有《进出口食品安全管理办法》《出口食品生产企业备案管理规定》及《进出口食品添加剂检验检疫监督管理工作规范》等。

（一）销售未贴有中文标签的进口食品属于违法行为

——山东省青岛市平度市某酒水商行与山东省青岛市平度市食品药品监督管理局食品药品安全行政管理(食品、药品)纠纷案[①]

【案件要旨】进口食品必须贴有中文标签方可销售,销售未贴有中文标签的进口食品属于违法行为,要承担相应违法责任。

【关键词】销售进口食品；中文标签

【案情简介】2017年9月13日,被告山东省青岛市平度市食品药品监督管理局根据举报对位于山东省青岛市平度市李园街道办事处常州路荷香新天地东北门10号网点房的原告山东省青岛市平度市某酒水商行进行监督检查,当场在该商行货架上发现摆放有无中文标识的3种进口啤酒,被告对上述啤酒扣押,立案调查后出具了《行政处罚事先告知书》和《听证告知书》,公开听证会后,被告向原告送达了《行政处罚决定书》,原告不服,向法院提起诉讼。经审理法院判决驳回原告诉讼请求。

【刘伟点评】在本案中,原告山东省青岛市平度市某酒水商行其在经营酒水过程中,将未贴有中文标签的多种进口啤酒摆放在经销柜台之上,被当场查获,其行为违反了《食品安全法》九十七条及相关规定,已构成违法,原告提出的赔偿请求没有事实和法律依据。被告所做出的行政处罚决定认定事实清楚、适用法律正确、程序合法,处罚并无不当,故法院驳回原告诉请。

---

① 山东省青岛市平度市人民法院(2017)鲁0283行初196号一审《行政判决书》。

（二）销售的商品的标签未标示生产日期不属于销售不符合安全标准食品的情形

——刘某与广西壮族自治区东兴市某进出口贸易有限公司买卖合同纠纷案[①]

【案件要旨】主张赔偿十倍货款请求权成立的基础应为被告销售的燕窝不符合食品安全标准。销售的商品的标签未标示生产日期不属于销售不符合安全标准食品的情形。

【关键词】生产日期；欺诈；赔偿十倍货款

【案情简介】2018年11月9日原告刘某通过某商城向被告经营的旗舰店购买了两盒规格为100克的马来西亚进口燕窝。商品名称为"某品牌马来西亚正规进口干燕窝6A官燕盏孕妇滋补补品一级大燕盏100克6A大燕盏＋石蜂糖＋10克燕碎＋电子炖盅"，收到货物却是一盒规格标注为200克的燕窝，显然与实际购买商品规格不符，后又发现商品标签上没有标明生产日期。在向被告索要生产日期时，被告仅提供了一份产品入境日期，原告认为被告虚假标注日期，让原告做出了错误的判断，如果继续食用，会严重危及原告的身体健康，因此向法院提起诉讼。经审理，法院判决被告退还原告货款，驳回其他关于十倍赔偿、三倍赔偿等诉请。

【刘伟点评】被告销售的燕窝商品标签上未标注生产日期，违反了《食品安全法》第六十七条之规定，原告要求被告退还货款，法院予以支持；原告主张赔偿十倍货款请求权成立的基础应为被告销售的燕窝不符合食品安全标准。本案被告销售的燕窝商品标签未标示生产日期不属于《食品安全法》第一百五十条规定的销售不符合安全标准食品情形条件，且原告购买该产品后并未食用，亦未

[①] 山东省济南市历下区人民法院（2019）鲁0102民初769号一审《民事判决书》。

举证对其造成损害,故原告要求被告赔偿十倍货款的主张,法院不予支持;此外原告未举证证明被告存在《中华人民共和国消费者权益保护法》第五十五条第一款的欺诈行为,故不支持原告三倍价款赔偿请求。

(三) 输华肉类境外生产企业应在我国注册,进口肉类产品应经过检疫审批、在我国备案

——郑某、孙某走私国家禁止进出口的货物、物品案①

【案件要旨】我国对输华肉类国家或地区食品安全管理体系实施评估审查,对输华肉类境外生产企业实施注册管理,对进口肉类产品实行检疫审批、备案管理。

【关键词】禁止进出口的货物、物品;走私

【案情简介】被告人郑某为牟取非法利益,与走私团伙某公司、曾某(另案处理)、黄某(另案处理)商定订购巴西产冻品牛肉及走私入境交货事宜。巴西产冻品牛肉经海运集装箱运到中国香港后,曾某走私团伙组织人员将货物申报出口至中国台湾地区或韩国,船舶行驶途中根据曾某走私团伙指令,在中国渤海、黄海、东海等沿岸非设关地码头偷卸货物入境并转运至河南省郑州市。自2019年以来,该走私团伙利用浙江省宁波市象山县、山东省威海市等地沿海非设关地码头,采用走私船舶偷运卸货的手段,走私巴西产冻品牛肉入境,并分批运至郑州市中牟县九龙镇某冷库。走私冻品牛肉由被告人郑某及孙某在郑州市惠济区某市场中销售牟利。经审理,法院判决被告人犯走私国家禁止进出口的货物罪,判处有期徒刑,并处罚金,没收违法所得。

【刘伟点评】根据《食品安全法》《中华人民共和国进出境动植

---

① 河南省郑州市中级人民法院(2019)豫01刑初146号一审《刑事判决书》。

物检疫法》《进出口肉类产品检验检疫监督管理办法》等有关法律法规,我国对输华肉类国家或地区食品安全管理体系实施评估审查,对输华肉类境外生产企业实施注册管理,对进口肉类产品实行检疫审批、备案管理,进口肉类需获得《入境货物检验检疫证明》后准予生产、加工、销售、使用。根据缉私局提供的企业外贸合同中巴西牛肉产品生产厂号资料,涉案厂号、注册厂号未列入海关总署公布的相关名单中,不符合我国关于进口肉类法律法规要求,禁止在我国生产、加工、销售、使用。被告人为牟取非法利益,违反国家进出口规定,逃避海关监管,走私未经检验检疫的巴西产冻品牛肉,情节严重,其行为已构成走私国家禁止进出口的货物罪。

第三章 特 殊 食 品

一、特殊医学用途配方食品

2020年5月,湖南省郴州市在出现儿童长期误食冒充"特医配方粉"的固体饮料而怀疑导致营养不良的"大头娃娃"事件后,5月底在广东省又出现了类似原因的家长集体维权事件。由此,"特殊医学用途配方食品"(以下简称"特医食品")的名称通过媒体报道,较大范围地引起了公众的重视。在我国,根据2016年施行的《特殊医学用途配方食品注册管理办法》,特殊医学用途配方食品(foods for special medicial purpose,FSMP)是指为满足进食受限、消化吸收障碍、代谢紊乱或者特定疾病状态人群对营养素或者膳食的特殊需要,专门加工配制而成的配方食品。该类产品必须在医生或临床营养师指导下,单独食用或与其他食品配合食用。由此可见,特医食品适用于特殊身体状态下的人群,从而其生产标准要高于保健品,低于或等于药品。作为三大特殊食品的一种,特殊医学用途配方食品(以下简称"特医食品")的法律属性是食品,是食品中监管最严格的一类。

(一)固体饮料标签标注易使消费者将该产品误解为特医食品的存在标签违法
——北京市某公司某商贸中心与北京市
朝阳区市场监督管理局行政处罚案[①]

【案件要旨】食品标签上的文字应真实、准确,固体饮料标签标注易使消费者将该产品误解为特医食品的,法院认定标签违法。

【关键词】固体饮料;特医食品;标签

【案情简介】针对市民向北京市朝阳区市场监督管理局(以下简称"朝阳市监局")反映的北京市某公司某商贸中心(以下简称"某商贸中心")销售的"氨基酸配方粉"(生产批次:NBTY18100901),产品外包装标注的"氨基酸配方粉"字样,及"适宜为乳蛋白及多种食物蛋白过敏人群提供营养支持"字样的情况疑似冒充特殊医学用途配方食品,经朝阳市监局认定,该行为存在使消费者误解的文字介绍食品的现象。经查,某商贸中心销售"氨基酸配方粉"(生产批次:NBTY18100901),进货数量28桶进购单价288元每桶,销售数量24桶,4桶已退回销售单价338元每桶。货值金额9 464元,违法所得8 112元。

北京市朝阳区市监局于2019年9月10日作出(京朝)市监食罚〔2019〕250734号《行政处罚决定书》,认定某商贸中心经营标签不符合规定的预包装食品行为,违反相关法律规定,对某商贸中心给予没收违法所得8 112元并处罚款3万元的处罚。某商贸中心诉至一审法院,请求法院依法撤销该《行政处罚决定书》。

朝阳区市监局作出的行政处罚决定,认定事实清楚,程序合法,适用法律正确,量罚适当。二审驳回上诉,维持一审判决。

---

① 参见北京市第三中级人民法院(2020)京03行终313号《行政判决书》。

【白文慧点评】本案某商贸中心销售的"氨基酸配方粉"不属于特殊医学用途配方食品,涉案标签上标注的"氨基酸配方粉""适宜为乳蛋白及多种食物蛋白过敏人群提供营养支持"等内容,与食品安全国标中对特医食品的标签所要求标注的内容相似。

固体饮料标签标注易使消费者将该产品误解为特医食品的行为违反了《食品安全国家标准预包装食品标签通则》(GB 7718—2011)的规定:"应真实、准确,不得以虚假、夸大、使消费者误解或欺骗性的文字、图形等方式介绍食品,也不得利用字号大小或色差误导消费者。"并且依据《食品安全法》第一百二十五条的规定,生产经营无标签的预包装食品、食品添加剂或者标签、说明书不符合本法规定的食品、食品添加剂的,将受到行政处罚——没收违法所得和违法生产经营的食品、食品添加剂,并可以没收用于违法生产经营的工具、设备、原料等物品;违法生产经营的食品、食品添加剂货值金额不足1万元的,并处5 000元以上5万元以下罚款;货值金额1万元以上的,并处货值金额五倍以上十倍以下罚款;情节严重的,责令停产停业,直至吊销许可证。

(二) 已经申报受理未经注册的"特医食品"应当按照普通食品的规定宣传

——姜某与广东省某医药连锁有限公司买卖合同纠纷案①

【案件要旨】已经申报受理未经注册的"特医食品"应当按照普通食品的规定进行宣传,按照特医食品宣传的,构成虚假宣传。

【关键词】未注册;特医食品;网页广告;虚假宣传

【案情简介】2017年6月18日,姜某在广东省某医药连锁有

---

① 参见北京市朝阳区人民法院(2018)京0105民初32809号《民事判决书》。

限公司(以下简称某医药公司)开设的旗舰店上购买了全营养配方粉8罐,共计3192元。该产品的网页宣传中有以下内容:"全营养配方粉,特殊医学用途配方食品,适宜人群需要加强营养补充及(或)营养支持的人,选择的5大理由:……④富含膳食纤维,调节肠道细胞免疫功能,促进黏蛋白生成,减少细菌粘(黏)附和易位,为肠道免疫细胞提供能量,维持肠粘(黏)膜细胞健康,促进肠道蠕动,促进有益细菌生长,抑制肠道有害菌;⑤持续使用全面改善营养情况,提升机体保护力,改善肌肉强度和质量,提高日常生活能力,改善生活质量,有益于体重恢复。"

但姜某收到商品后,商品包装背面说明并无功能功效一项,该食品宣传功能功效,明示或暗示预防治疗疾病功能,属误导、虚假、欺诈宣传,故姜某将该公司诉至法院。某医药公司于庭审中提交了2017年10月17日(原)国家食品药品监督管理总局出具的《受理通知书》,载明对全营养配方粉申请进口特殊医学用途配方食品注册决定予以受理。并根据(原)国家食品药品监督管理总局发布的2017年第139号《关于调整特殊医学用途配方食品注册管理过渡期的公告》的规定:在我国境内生产或向我国境内出口的特殊医学用途配方食品生产日期为2018年12月31日(含)以前的,可在我国境内销售至保质期结束。还提交了《进口食品标签咨询报告》及《出入境检验检疫证明》,用以佐证涉案产品质量合格、标签规范,网页宣传内容也是完全按照生产商的产品测验结果进行的表述,不存在虚假宣传等情况。

最终法院判决某医药公司退还原告姜某货款3 192元;赔偿原告姜某9 576元;姜某退还涉案商品(营养配方粉8罐,单价393元),如不能退还则按价折抵。

【白文慧点评】本案的争议焦点为涉案食品是否为可以适用

药品广告管理规则的特殊医学用途配方食品,本案中涉案产品全安素全营养配方粉确实已经向(原)国家食品药品监督管理总局申请特殊医学用途配方食品注册,但是还未具有(原)国家食品药品监督管理总局的行政许可。故其宣传应当符合《食品安全法》关于食品宣传的有关规则,即根据《食品安全法》,食品广告的内容应当真实合法,不得含有虚假内容,不得涉及疾病预防、治疗功能。食品生产经营者对食品广告内容的真实性、合法性负责。

(三) 仅表示产品所含成分的作用不构成虚假宣传

——周某与某信息科技有限责任公司、浙江省某网络有限公司产品责任纠纷案[①]

【案件要旨】仅表示产品所含成分的作用,且该宣传不涉及疾病治疗功能,也不表示产品的功效的,不构成虚假宣传。

【关键词】特医食品;成分;虚假宣传

【案情简介】2016年1月1日、1月4日,周某三次向网店"某保健品旗舰店"购买"欧洲原装进口蛋白质粉补充营养品 800 克×6 罐"计 41 件(246 罐),实付款 50 430 元。此后,周某收到前述商品。涉案商品的交易快照显示,涉案店铺的涉案商品页面的商品详情宣称:"选择的 4 大理由: ① 欧洲原装进口;② 营养均衡科学配比的不饱和脂肪酸[②]降低血液粘(黏)稠度,有助降低心脑血管疾病风险;亚油酸及 α-亚麻酸,这两种脂肪酸是人体必需脂肪酸;亚油酸、α-亚麻酸科学的黄金配比(8∶1)更能软化血管,有益心血管健康;③ 专业标准保障;④ 多方面改善体质"。

[①] 参见浙江省杭州市中级人民法院(2016)浙 01 民终 7028 号《民事判决书》。
[②] 除饱和脂肪酸以外的脂肪酸是不饱和脂肪酸。不饱和脂肪酸是构成体内脂肪的一种脂肪酸,是人体不可缺少的脂肪酸。亚油酸和亚麻酸都是多不饱和脂肪酸。——董佳莉补充

周某于 2016 年 4 月诉至原审法院,请求判令:1. 某信息科技有限公司退还周某购物款 50 430 元并按价款的三倍支付赔偿款 151 290 元;2. 浙江省某网络有限公司对上述债务承担连带责任。一审庭审中,周某明确放弃上述第 2 项诉讼请求,一审法院予以准许。法院对周某提交的实物进行查看,产品包装罐罐身标注"全营养配方粉特殊医学用途配方食品中国总代理商:某贸易(上海)有限公司"等信息。最终,法院驳回周某的诉讼请求。

【白文慧点评】案件的焦点是某信息科技有限公司在涉案商品页面宣称的"营养均衡科学配比的不饱和脂肪酸降低血液粘(黏)稠度,有助降低心脑血管疾病风险;亚油酸,α-亚麻酸科学的黄金配比(8∶1)更能软化血管,有益心血管健康"是否为虚假宣传进而构成欺诈。根据《食品安全法》第八十条,特医食品广告适用《中华人民共和国广告法》和其他法律、行政法规关于药品广告管理的规定,比如《中华人民共和国广告法》第十六条:"医疗、药品、医疗器械广告不得含有下列内容:(一)表示功效、安全性的断言或者保证;(二)说明治愈率或者有效率。"以及《广告法》第十七条:"除医疗、药品、医疗器械广告外,禁止其他任何广告涉及疾病治疗功能,并不得使用医疗用语或者易使推销的商品与药品、医疗器械相混淆的用语。"

本案的亮点在于,涉宣传功效的内容针对的是产品本身还是产品的成本。正如终审法院认为,涉案产品属特医食品,某信息科技有限公司宣传的内容仅表示"不饱和脂肪酸""亚油酸""α-亚麻酸"这些成分的作用,而并不表示产品的功效,也不涉及疾病的治疗功能,因而不构成虚假宣传。

二、婴幼儿配方食品

婴幼儿配方奶粉作为婴幼儿重要的营养来源,对婴幼儿生长发育起着关键的作用。但在近十年间,连续的几起奶粉事件让广大消费者对奶粉的信心跌入谷底:2008年,三鹿奶粉被检出三聚氰胺,导致数万名婴幼儿患上肾结石,南山奶粉被检出致癌物黄曲霉毒素 M1,2009年,味全婴幼儿奶粉检出致病菌,等等。2008年三鹿奶粉事件之后的十年间,我国对于婴幼儿配方奶粉的监管更加严格,我国政府陆续建立并完善了一系列婴幼儿配方奶粉监管制度。

目前,婴幼儿配方奶粉由国家市场监督管理总局监管。《食品安全法》在2015年修订后,提出婴幼儿配方乳粉的产品配方应当经国务院食品药品监督管理部门注册,至此中国率先成为婴幼儿乳粉配方施行注册制的国家。之后相关法规如《婴幼儿配方乳粉产品配方注册管理办法》规定了注册详细事宜,并规定自2018年1月1日起,在我国境内生产或向我国境内出口的婴幼儿配方乳粉应当依法取得婴幼儿配方乳粉产品配方注册证书,并在标签和说明书中标注注册号。

(一) 未充分履行进货查验、销售标签无生产日期的食品、销售标签生产日期可轻易抹掉等,拒不履行行政处罚的,法院可强制执行

——申请执行人江苏省南京市建邺区市场监督管理局与被执行人江苏省南京市某有限公司某店申请强制执行行政处罚案①

【案件要旨】未充分履行进货查验义务、销售标签无生产日期涉案批次的食品、销售标签生产日期可轻易抹掉等,拒不履行罚款、没收行政处罚的,行政机关可向法院申请强制执行。

---

① 参见江苏省南京市建邺区人民法院(2019)苏0105行审3号《行政裁定书》。

【关键词】进货查验义务;标签;拒不履行行政处罚;强制执行

【案情简介】因江苏省南京市某有限公司(以下简称某公司)涉嫌销售无生产日期的食品,江苏省南京市建邺区市场监管局遂立案调查。经调查查明,某公司从广东省某食品集团有限公司购进7袋趣味跳跳棒糖,该产品生产日期为2017年3月15日。某公司共计销售了4袋趣味跳跳棒糖,销售价为4.3元每袋。而尚未销售出的3袋趣味跳跳棒糖标签上的生产日期可用手轻轻抹掉,已报损,无库存。某公司在购进该7袋趣味跳跳棒糖时,虽向生产商广东省某食品集团有限公司索取了营业执照和广东省潮州市庵埠食品工业卫生检验所出具的检验报告,但未索取食品生产许可证,且未充分履行进货查验义务。

2018年6月21日,江苏省南京市建邺区市场监管局对某公司作出"71号行政处罚决定"并送达《行政处罚决定书》,对某公司未履行进货查验义务的行为决定责令改正、警告;对于某公司销售标签未标注生产日期的食品及销售标签标注的生产日期不牢固持久的食品的行为,决定责令改正;没收违法所得4.8元;罚款3万元。后某公司在法定期限内既未申请行政复议或提起行政诉讼,也未履行"71号行政处罚决定"确定的缴纳罚款的义务。江苏省南京市建邺区市场监管局向某公司送达《行政决定履行催告书》后该公司仍未履行。江苏省南京市建邺区市场监管局遂向法院申请强制执行。法院判定准许强制执行江苏省南京市建邺区市场监管局对某公司作出的"71号行政处罚决定"中确定的"没收违法所得4.8元;罚款3万元"的内容,强制执行费用由某公司承担。

【白文慧点评】本案中某公司作为食品经营者,其"销售标签无生产日期、涉案批次食品、销售标签生产日期可轻易抹掉等"的行为属于未履行进货查验义务,根据《食品安全法》第五十三条规定,食品经营者采购食品,应当查验供货者的许可证和食品出厂检验合格证或者其他合格证明。食品经营企业应当建立食品进货查验记录制度,如实记录食品的名称、规格、数量、生产日期或者生产批号、保质期、进货日期以及供货者名称、地址、联系方式等内容,并保存相关凭证。

销售标签无生产日期违反了《食品安全法》第六十七条第一款规定的预包装食品标签应当标明下列事项:名称、规定、净含量、生产日期。销售标签生产日期可轻易抹掉违反了《食品安全国家标准预包装食品标签通则》的规定:应清晰、醒目、持久,应使消费者购买时易于辨认和识读。

不履行行政处罚可能面临强制执行。根据《中华人民共和国行政处罚法》的规定,行政机关实施行政处罚时,应当责令当事人改正或者限期改正违法行为。公民、法人或者其他组织对行政行为在法定期间不提起诉讼又不履行的,行政机关可以申请人民法院强制执行,或者依法强制执行。

(二) 同一款进口乳粉,因输出国不同导致不同批次产品标签上显示的配料和保质期有差异时,如输出国均出具了官方卫生证书证明产品合格的,不违反国家标准

——古某与中华人民共和国金陵海关、中华人民共和国南京海关行政复议再审案①

【案件要旨】同一款进口乳粉,因输出国不同导致不同批次产品标签上显示的配料和保质期有差异时,如输出国均出具了官方

---

① 参见江苏省高级人民法院(2017)苏行申 1240 号《行政裁定书》。

卫生证书证明产品合格的,不违反《食品安全国家标准预包装食品标签通则》(GB 7718—2011)及其他相关规定。

【关键词】进口乳粉；不同批次；配方标签内容不一致

【案情简介】2016年5月25日,古某在江苏省南京市湖南路某超市有限公司购买由某公司经销的某品牌1阶段婴儿配方奶粉一听(400克)。2016年7月8日,古某向南京出入境检验检疫局提交举报书,举报某公司经销的某品牌系列不同批次的进口乳粉中,除生产日期为2014的产品配料中有"抗氧化剂(维生素E、抗坏血酸棕榈酸酯)"[①],其他配料完全相同,但该产品的保质期却由两年变为了三年,故要求南京出入境检验检疫局予以查处,并要求书面告知查处结果并依法给予原告奖励。南京出入境检验检疫局接到该举报材料后,调取了古某举报的三批次奶粉入境货物检验检疫证明及原产国瑞士和法国分别出具的官方卫生证书等文件,并于2016年8月18日作出《投诉举报告知书》,告知古某未发现某公司在进口案涉产品过程中存在违法行为,古某举报某公司的理由不成立,因此不予查办被举报人和奖励举报人。古某不服,于2016年9月2日向江苏出入境检验检疫局申请行政复议,江苏出入境检验检疫局于2016年9月5日收到古某的行政复议申请并予以受理。2016年11月1日江苏出入境检验检疫局作出《复议决定书》,维持南京出入境检验检疫局作出的《投诉举报告知书》,并邮寄送达古某。古某仍不服,在法定期限内诉至法院,要求判如所请。

法院查明,原告古某所举报的三批次奶粉对应入境货物检

---

① 抗氧化剂是指能防止或延缓食品氧化,提高食品的稳定性和延长贮存期的食品添加剂。抗氧化剂的正确使用不仅可以延长食品的贮存期、货架期,给生产者、消费者带来良好的经济效益,而且有助于保障食品安全。——董佳莉补充

验检疫证明编号分别为 43899、43900 及 66903，其中编号为 43899、43900 的入境货物输出国家为瑞士，编号为 66903 的入境货物输出国家为法国。最终法院判决驳回了古某的诉讼请求。

【白文慧点评】本案中，原告主张某公司进口奶粉中不同批次的配料和保质期有差异的行为违法。法院认为案涉奶粉的入境货物检验检疫证明显示原告举报的不同批次的奶粉系产自不同输出国家，相关输出国均出具了官方卫生证书，与案涉奶粉的保质期一致，且并不违反《食品安全国家标准预包装食品标签通则》(GB 7718—2011)及其他相关规定，故并不违法。可见，同款产品并非配料、标签一致才是合法，因输出国不同导致不同批次的产品配料、标签差异时，是否合法应结合入境货物检验检疫证明、输出国官方卫生证书等材料比照我国相关食品安全标准具体地认定。

（三）奶粉标注有机产品标志不构成欺诈，不能认定配方奶粉为特殊膳食用食品而不应列入有机产品目录

——於某诉上海市某百货有限公司买卖合同纠纷案[①]

【案件要旨】奶粉不属于特殊膳食用食品尚不明确，奶粉标注有机产品标志不构成欺诈，不能认定配方奶粉为特殊膳食用食品而不应列入有机产品目录。

【关键词】有机产品标志；特殊膳食用食品；配方奶粉；欺诈

【案情简介】2017 年 5 月 5 日，於某在上海市某百货有限公

[①] 参见上海市长宁区人民法院(2018)沪 0105 民初 12734 号、上海市第一中级人民法院(2018)沪 01 民终 13277 号《民事判决书》。

司(以下简称某百货公司)购买涉案奶粉1盒,价款为676元,奶粉标签标注有机标志。涉案奶粉由某甲公司从奥地利进口,通过供货商某乙公司提供给某百货公司销售,有某认证公司的有机产品认证。涉案奶粉保质期至2018年11月22日,於某至今未食用。另外,於某于2017年至2018年间在上海市法院有与本案类似的买卖纠纷案件16起。

於某向法院提出涉案奶粉为配方奶粉,系特殊膳食用食品,根据相关食品安全国家规定,特殊膳食用食品为了满足特殊的身体状况专门加工或者配方,在生产过程中大幅度地调整了蛋白质、脂肪、碳水化合物比例,并且添加了营养强化剂,其营养成分和属性与普通食品乳制品显著不同,不符合有机产品的定义,故国家也没有将其列入有机产品认证目录;而某认证公司是营利机构,受托出具涉案奶粉有机认证,双方存在经济利益关系,某认证公司出具的认证不具有客观性,不能作为证明涉案奶粉为有机产品的证据。最终,法院驳回原告於某的诉讼请求。

【白文慧点评】国家对食品广告宣传严格监管,对虚假宣传的处罚也十分严格,这不仅让商家面临较大的投诉举报风险,也让举报人关注食品广告宣传中更多且更细节的问题。

本案中,奶粉标注有机产品标志是否构成欺诈呢?首先,要确定奶粉是否属于有机产品。根据国家认监委公告(2012年第21号)《有机产品增补目录(一)》,明确将奶粉列入有机产品目录,可以标注有机产品标志,并且本案中认证该涉案奶粉为有机产品的单位某认证公司是经具有国家专门机构授权的认证单位。其次,针对原告於某提出的配方奶粉是特殊膳食用食品,因而不属于有机食品的观点未被法院认可,因奶粉是否属于特殊膳食用食品,在《食品安全国家标准预包装特殊膳食用食品标签》

(GB 13432—2013)中没有明确,因此不能认定配方奶粉为特殊膳食用食品。

(四)卖家无证据证明存在代购关系的,不能认定为代购商品,公开上架销售可供选购的进口产品,应带有中文标签

——胡某与广州市白云区新市某孕婴用品店、广州市白云区新市某婴童用品店产品责任纠纷案[①]

【案件要旨】卖家无证据证明存在代购关系的,不能认定为代购商品。属于公开上架销售可供选购的进口产品,应带有中文标签,且直接印制在最小销售包装上,否则应赔付十倍赔偿金。

【关键词】跨境电商;进口产品;中文标签

【案情简介】胡某在广州市白云区新市某孕婴用品店(以下简称"孕婴用品店")、广州市白云区新市某婴童用品店(以下简称"婴童用品店")购买了进口奶粉甲品牌1段2盒、2段3盒、3段2盒、4段6盒,乙品牌1段2盒、2段1盒、3段1盒,以上产品均无中文标签,胡某遂向法院起诉要求赔偿价款损失人民币3 536元及支付价款十倍的赔偿金。

婴童用品店主张涉案产品属于代购产品,理由是该店是跨境代购服务商,涉案产品均是跨境电商保税渠道代购所得,有相应报关单,来源合法,并通过邮寄、快递的途径入境,但婴童用品店不能提供该事实的证据,胡某亦称不清楚什么是跨境电商。最终,法院认定婴童用品店不是跨境电商,并支持了原告胡某的诉讼请求。

---

① 参见广州市白云区人民法院(2016)粤0111民初2099号、广东省广州市中级人民法院(2017)粤01民终349号《民事判决书》。

【白文慧点评】跨境电商作为一种国际贸易方式,其不同于传统的进出口贸易,跨境电商以消费者本人的名义向海关报关、纳税,买方委托代购人购买指定的商品和服务时应当向跨境电商公司提供完整、准确的个人信息,即买方和代购人是委托合同关系,而非常规的商家已经将产品上架、供消费者选择的买卖合同关系。

预包装奶粉中文标签必须在入境前已直接印制在最小销售包装上,否则按照不合格产品处理。依据是《食品安全法》第九十七条:"进口的预包装食品、食品添加剂应当有中文标签;依法应当有说明书的,还应当有中文说明书。……预包装食品没有中文标签、中文说明书或者标签、说明书不符合本条规定的,不得进口。"以及(原)国家质量监督检验检疫总局公告2013年第133号《关于加强进口婴幼儿配方乳粉管理的公告》:"自2014年4月1日起,进口婴幼儿配方乳粉的中文标签必须在入境前已直接印制在最小销售包装上,不得在境内加贴。产品包装上无中文标签或中文标签不符合中国法律法规和食品安全国家标准的,一律按不合格产品做退货或销毁处理。"

三、保健食品

国家标准《食品安全国家标准保健食品》(GB 16740—2014)中规定:"保健食品是声称并具有特定保健功能或者以补充维生素、矿物质为目的的食品。即适用于特定人群食用,具有调节机体功能,不以治疗疾病为目的,并且对人体不产生任何急性、亚急性或慢性危害的食品。"同样根据《食品安全法》,国家对保健食品同特殊医学用途配方食品和婴幼儿配方食品等特殊食品一样,实行严格监督管理。

(一) 对保健产品宣传治疗作用,致使消费者误识误信后购买,销售者承担惩罚性赔偿
——颜某、程某与周某、吉林省某生物科技
有限公司等侵权责任纠纷案[①]

【案件要旨】食品广告的内容不得涉及疾病的预防、治疗功能。对保健产品宣传治疗作用,致使消费者误识误信后购买,销售者承担惩罚性赔偿。

【关键词】宣传治疗作用;虚假宣传;惩罚性赔偿

【案情简介】苏某因身体不适前往复旦大学附属肿瘤医院检查,门诊检查初步诊断为"右乳上方肿块恶性"。该院超声检查提示:"① 右乳实质不匀质占位;② 双乳符合小叶增生声像图;③ 右腋下肿大淋巴结;④ 右腋下未见异常淋巴结。"对此,苏某未再继续检查。此后苏某遇见周某,将其检查发现右乳长有肿块的情况告知了周某,周某遂向苏某推荐其经营的系列保健产品。苏某轻信了周某的保健产品对其体内肿块具有抗菌、消炎、抗病毒、抗肿瘤等治疗作用,遂苏某陆续出资 49 760 元用以购买某品牌系列产品。服用一段时间后,苏某自觉病情加重,遂到安徽医科大学第一附属医院检查,经诊断为"右乳癌伴右腋下淋巴结,考虑双肺及肝脏转移"。同年,苏某在该院行"右侧乳房切除+右侧腋窝淋巴结切除术",术后病情好转出院。后苏某因右乳癌术后伴肝、肺等部位转移先后多家医院治疗,病情未见明显好转。最终苏某因病情恶化住院治疗,2013 年 1 月 5 日出院,并于该日死亡。

法院认定周某、吉林省某生物科技有限公司销售系列产品过程中,违反法定义务,违规宣传案涉保健产品的功效,致使苏某误

---

① 参见安徽省高级人民法院(2015)皖民一终字第 00001 号《民事判决书》。

识误信后购置价值 49 760 元产品的事实清楚,根据《中华人民共和国消费者权益保护法》第五十五条的规定,颜某、程某主张周某、吉林省生物科技公司按双倍货款承担赔偿责任,符合法律规定,判决周某与吉林省某生物科技公司依法应予承担的赔偿数额为:49 760 元×2=99 520 元。但因无证据证明苏某死亡与周某、吉林省某生物科技公司的违规宣传行为具有因果关系,对原告提出的对苏某的死亡承担赔偿责任的请求不予支持。

【白文慧点评】该案为虚假广告宣传引发的财产损失赔偿纠纷。《食品安全法》严格要求食品广告的内容不得涉及疾病的预防、治疗功能。《保健食品管理办法》(中华人民共和国卫生部令〔1996〕第 46 号)第二条规定:"保健食品系指表明具有特定保健功能的食品。即适宜于特定人群食用,具有调节机体功能,不以治疗疾病为目的的食品。"因而周某、吉林省某生物科技公司对保健食品宣传"抗菌、消炎、抗病毒、抗肿瘤等"的行为系虚假宣传。

本案最终判决被告承担产品价格双倍的惩罚性赔偿,系根据《消费者权益保护法》第五十五条第二款的规定:"经营者明知商品或者服务存在缺陷,仍然向消费者提供,造成消费者或者其他受害人死亡或者健康严重损害的,受害人有权要求经营者依照本法第四十九条、第五十一条等法律规定赔偿损失,并有权要求所受损失二倍以下的惩罚性赔偿。"

原告针对苏某的死亡主张的各类费用(如死亡赔偿金等,共计 70 万元),主要运用司法鉴定来证明苏某的死亡与服用吉林省某生物科技公司的相关产品有因果关系,但本案经联系多家鉴定机构,或未作答复,或明确回复无法鉴定,导致鉴定程序无法启动,最终无证据证明其死亡与周某、吉林省某生物科技公司的违规宣传行为具有因果关系,法院判决不予赔付该费用。

(二)在食品中添加的虽然不是国家禁止添加的非法物质,但如果该物质与禁止添加的非法物质具有同等属性,并对人体具有同等危害的,应认定为"有毒、有害的非食品原料"

——北京市某生物技术开发有限公司、习某等
生产、销售有毒、有害食品案[①]

【案件要旨】食品生产经营中,在食品中添加的虽然不是国务院有关部门公布的《食品中可能违法添加的非食用物质名单》和《保健食品中可能非法添加的物质名单》中的物质,但如果该物质与上述名单中所列物质具有同等属性,并且根据检验报告和专家意见等相关材料能够确定该物质对人体具有同等危害的,应当认定为《中华人民共和国刑法》第一百四十四条规定的"有毒、有害的非食品原料"。

【关键词】盐酸丁二胍;生产、销售有毒、有害食品罪;有毒有害的非食品原料

【案情简介】被告人习某注册成立了北京市某生物技术开发有限公司(以下简称"某生物技术开发公司"),系公司的实际生产经营负责人。某生物技术开发公司从被告人谭某处以600元每千克的价格购进生产保健食品的原料A,该原料系谭某从尹某处以2500元每千克的价格购进原料B后进行加工而得,某生物技术开发公司购进原料A后加工制作成用于辅助降血糖的保健食品某品牌山芪参胶囊,以每盒100元左右的价格销售至江苏省扬州市广陵区某保健品店及全国多个地区。杨某具体负责生产,钟

[①] 参见江苏省扬州市中级人民法院(2014)扬刑二终字第0032号《刑事判决书》。

某、王某负责销售。销往上海市、湖南省、北京市等地的某品牌山芪参胶囊分别被检测出含有盐酸丁二胍,食品药品监督管理部门将检测结果告知某生物技术开发公司及习某。习某在得知检测结果后随即告知谭某、尹某,习某明知其所生产、销售的保健品中含有盐酸丁二胍后,仍然继续向谭某、尹某购买原料,组织杨某、钟某、王某等人生产山芪参胶囊并销售。谭某、尹某在得知检测结果后继续向被告人习某销售该原料。

最终,法院判决被告单位某生物技术开发公司、被告人习某、被告人谭某、被告人尹某、被告人杨某、被告人钟某、被告人王某犯生产、销售有毒、有害食品罪。

【白文慧点评】《中华人民共和国刑法》第一百四十四条规定,"在生产、销售的食品中掺入有毒、有害的非食品原料的,或者销售明知掺有有毒、有害的非食品原料的食品的,处五年以下有期徒刑,并处罚金;对人体健康造成严重危害或者有其他严重情节的,处五年以上十年以下有期徒刑,并处罚金;致人死亡或者有其他特别严重情节的,依照本法第一百四十一条(生产、销售、提供假药罪)的规定处罚。"其中的"有毒、有害的非食品原料"的认定,根据最高人民法院、最高人民检察院《关于办理危害食品安全刑事案件适用法律若干问题的解释》(以下简称为"《解释》")第九条规定有三类:① 因危害人体健康,被法律、法规禁止在食品生产经营活动中添加、使用的物质;② 因危害人体健康,被国务院有关部门列入《食品中可能违法添加的非食用物质名单》《保健食品中可能非法添加的物质名单》上的物质;③ 国务院有关部门公告的禁用农药、《食品动物中禁止使用的药品及其他化合物清单》等名单上的物质。盐酸丁二胍不是食品添加剂,也不得作为药品在我国生产销售和使用。其在我国未获得药品监管部门批准生产、进口,也不属于上述《解释》第九条规定的物质。

《解释》第二十四条规定,"足以造成严重食物中毒事故或者其他严重食源性疾病,有毒、有害非食品原料"等专门性问题难以确定的,司法机关可以根据鉴定意见、检验报告、地市级以上相关行政主管部门组织出具的书面意见,结合其他证据作出认定。本案中,扬州大学医学院某教授出具的专家意见和南京医科大学司法鉴定所的鉴定意见证明:"盐酸丁二胍与《解释》第九条《保健食品中可能非法添加的物质名单》中的其他降糖类西药(盐酸二甲双胍、盐酸苯乙双胍)具有同等属性和同等危害。"因此,对盐酸丁二胍应当依照《解释》第九条、第二十四条的规定,认定为刑法第一百四十四条规定的"有毒、有害的非食品原料"。

【董佳莉点评】盐酸丁二胍是丁二胍的盐酸盐。目前盐酸丁二胍未获得国务院药品监督管理部门批准生产或进口,不得作为药物在我国生产、销售和使用。扬州大学医学院某教授出具的专家意见和南京医科大学司法鉴定所的鉴定意见证明:盐酸丁二胍具有降低血糖的作用,很早就撤出我国市场,长期使用添加盐酸丁二胍的保健食品可能对人体产生不良影响,甚至危及生命。

(三) 食品中添加的中药材不属于按照传统既是食品又是中药材的物质,系法律禁止的情形

——张某与贵州省某商贸有限责任公司
产品销售者责任纠纷案[1]

【案件要旨】食品中添加的中药材不属于按照传统既是食品又是中药材的物质,符合《食品安全法》禁止的"用非食品原料生产

---

[1] 参见贵州省都匀市人民法院(2018)黔2701民初2633号、贵州省黔南布依族苗族自治州中级人民法院(2020)黔27民终951号《民事判决书》。

的食品"。

【关键词】添加中药材;既是食品,又是药品

【案情简介】张某到贵州省某商贸有限责任公司(以下简称"某商贸公司")购买了某品牌卤料1 000包(该产品保质期为12个月),共支付货款人民币2 000元。该卤料标注的配料中包含:草果、砂仁、桂肉、桂枝①等。之后,张某以"桂枝"系药品,不应添加到涉案的食品即某品牌卤料中为由,将某商贸公司诉至一审法院,请求判令某商贸公司退回张某货款2 000元、赔偿张某2万元等。一审法院另查明,张某在某商贸公司购买的涉案卤料系某食品公司生产,该卤料中添加的"桂枝"属于中药材,不属于国家卫健委公布的既是食品又是药品的中药名单之列。

法院判决某商贸公司退还张某购物款2 000元;张某退还其所购买的某品牌卤料1 000包给某商贸公司。如不能退还,则按每包单价2元的价格折抵所应退还的购物款,某商贸公司赔偿张某4 000元,驳回张某的其他诉讼请求。

【白文慧点评】按照《食品安全法》第三十八条规定,"生产经营的食品中不得添加药品,但是可以添加按照传统既是食品又是中药材的物质。"涉案某品牌卤料配料中的"桂枝"在《中华人民共和国药典》中明确被列为中药材,国务院卫生行政部门会同国务院食品安全监督管理部门公布的《按照传统既是食品又是中药材的物质目录》中并无"桂枝",故涉案某品牌卤料使用桂枝作为配料,属于《食品安全法》第三十四条禁止的"用非食品原料生产的食品或者添加食品添加剂以外的化学物质和其他可能危害人体健康物质的食品,或者用回收食品作为原料生产的食品",该情形违反法

---

① 桂枝是一味中药,是樟科植物肉桂的干燥嫩枝,具有发汗解肌、温通经脉、助阳化气、平冲降气的功效。——董佳莉补充

律的禁止性规定,应认定为不符合食品安全标准。

(四)判断行为人是否明知所销售的食品中含有有毒、有害成分,可综合分析认定
——陈某销售有毒、有害食品案①

【案件要旨】判断行为人是否明知所销售的食品中含有有毒、有害成分,可通过行为人有无销售许可、商品有无蓝帽标示、商品销售是否隐蔽、商品包装是否正规、进货渠道、进货价格等综合分析认定。

【关键词】西地那非;性保健品;明知;有毒、有害的非食品原料

【案情简介】被告人陈某先后两次购进含有国家禁止在保健食品中非法添加的物质的"奇力片""秘鲁玛卡""V9""美国黑金V8""每粒坚"等保健食品,依托山东省滨州市某商贸有限公司,以每盒(瓶)加1至4元的价格,先后售给某药店、山东省滨州市沾化区某保健品店、山东省滨州市无棣车站某保健品店等奇力片85盒从中谋利。之后,陈某被公安执法人员当场查获,从其驾驶的江淮商务车内扣押产品。经山东省青岛市某测试有限公司鉴定,上述扣押的"奇力片""秘鲁玛卡""V9""美国黑金V8""每粒坚"中均检出西地那非成分。据陈某供认,他知道批发的性保健品中添加了非法违禁物质,要不批发价格不会那么低。再就是这些性保健品盒子上的标示和生产地址都不正规,正规的性保健食品价格很高,标示符合国家规定。他感觉自己销售批发的性保健品添加了违禁物质,即有助于勃起性功能障碍的化学药品成分的西地那非等,人

---

① 参见山东省滨州经济技术开发区人民法院(2016)鲁1691刑初22号《刑事判决书》。

们都叫"伟哥"。

法院审理中,被告人陈某翻供,辩解称自己销售上述性保健品时不知道其中含有有毒有害成分,被抓后才知道其中含有有毒有害成分,但无证据证明。最终,法院判决被告人陈某犯销售有毒、有害食品罪,判处有期徒刑8个月,并处罚金5 000元,扣押在案的产品由扣押机关依法处理。

【白文慧点评】《中华人民共和国刑法》对生产、销售有毒、有害食品罪规定了存在"销售明知掺有有毒、有害的非食品原料的食品"情形的相应处罚。一方面,"有毒、有害非食品原料"可以根据《保健食品中可能非法添加的物质名单》判断:西地那非被列为保健品中的非法添加物;另一方面,认定行为人是否"明知",要根据多种因素综合判断,根据陈某的供述,对其销售的保健品中含有有毒、有害成分仅仅持有怀疑态度。但是从客观行为来看,陈某作为保健食品销售者,购进保健食品的渠道不正规,属于低价购入,标示和生产地址都不正规,可以看出其仅仅是以谋利为目的,对是否影响他人身体健康持放任态度,系间接故意的心理状态。

(五)无医生执业资格,通过欺骗病人参加保健培训班的方式实施医疗活动,致人死亡的行为构成非法行医罪

——胡某非法行医案[①]

【案件要旨】行为人无医生执业资格,通过欺骗病人参加保健培训班的方式实施医疗活动,致人死亡的行为构成非法行医罪,要承担相应违法责任。

---

① 参见河南省高级人民法院(2015)豫法刑二终字第00007号《刑事附带民事裁定书》。

【关键词】非法行医；保健培训；抢救

【案情简介】被告人胡某刑满释放后，授意吕某在博客上宣称用"五味疗法"可免除吃药打针等传统治疗方式带来的痛苦，针对糖尿病、高血压、白血病、艾滋病、各类癌症等有特殊效果。之后，吕某指使唐某分别联系身患不同疾病或痴迷中医的云某等十余人参加"自然大法培训班"，由胡某传授"五味疗法"和"吐故纳新疗法"，饮用由咖啡、白糖、盐、生抽（或酱油）、陈醋兑水后调成的"五味汤"后大量喝生水，喝到腹胀，再把喝到腹内的水吐出来，然后继续喝生水、呕吐，反复进行，就可以把体内的病毒排出体外，达到治病强身的目的。被害人云某按照胡某传授的疗法照做后，出现了严重呕吐、抽搐、昏迷等症状，吕某、唐某、贺某遂采取灌凉水、往云某头上浇凉水的方法进行救治。随着云某病情的加重，吕某先后两次去找胡某，胡某指使吕某分别采取将泥土涂抹到云某身上后，浇凉水和向其口中灌其配制的液体的方法进行医治。当晚22时30分，云某因机体脱水、水电解质平衡紊乱和急性呼吸循环功能障碍死亡。最终，法院判决被告人胡某、吕某、唐某、贺某犯非法行医罪。

【白文慧点评】非法行医的行为侵犯了他人的身体健康，也侵犯了国家医疗管理秩序。《中华人民共和国刑法》第三百三十六条关于非法行医罪的规定："未取得医生执业资格的人非法行医，情节严重的，处三年以下有期徒刑、拘役或者管制，并处或者单处罚金；严重损害就诊人身体健康的，处三年以上十年以下有期徒刑，并处罚金；造成就诊人死亡的，处十年以上有期徒刑，并处罚金。"被告人胡某无医生执业资格，伙同吕某、唐某、贺某以开办"培训班"的名义进行非法行医，造成他人死亡，其行为均已构成非法行医罪，且系共同犯罪。

第四章　食品知识产权

一、食品商标

食品商标,包括经商标局核准注册的商标及未经核准由食品生产经营者使用的商标。我国商标注册类别以1957年于法国尼斯签订的《商标注册用商品和服务国际分类》为基础,将45类商标规定在我国《类似商品和服务区分表》中。

(一) 工商行政部门在商品种类
不明确时不能随意处罚

——广西壮族自治区某酒业有限公司诉湖南省湘潭市
工商行政管理局雨湖分局行政处罚决定案[①]

【案件要旨】涉及商标侵权的行政处罚案件中,在相关职能部门未就涉案商品的种类作出明确划分的情况下,市场监管管理部门在无直接证据确认该商品性质的情况下不能凭推断和分析作为行政处罚的依据。

【关键词】商品种类;商品性质;行政处罚;销售侵犯注册商标专用权

【案情简介】2007年11月10日,广西壮族自治区某酒业有限公司使用山东省烟台市某葡萄酿酒公司注册号为第600293号的

---

① 参见湖南省湘潭市中级人民法院(2011)潭中行终字第30号《行政判决书》、湖南省湘潭市雨湖区人民法院(2011)雨行初字第103号《行政判决书》等。

"劲 STRONGBODY 图形"的注册商标。2010 年 7 月 19 日,经(原)国家工商总局商标局审定,该酒既未获得药品批准文号,也未获得保健食品批准文号,从而认定广西壮族自治区某酒业有限公司超出了该注册商标核准使用的范围,并与湖北省某有限公司注册商标(2004 年被列为湖北省中国驰名商标)构成近似,构成商标侵权行为,于是作出《关于保护某商标等注册商标专用权的通知》,要求广西壮族自治区某酒业有限公司立即停止在酒精饮料商品上使用"劲 STRONGBODY 图形"商标,并收回市场上流通的相关产品自行处理,依法整改。

2010 年 9 月 4 日,广西壮族自治区某酒业有限公司经与山东省某生物科技有限公司协议,使用其持有的"某品牌酒国食健字 G20050621 号"批准文号,又生产了带有"劲 STRONGBODY 图形"商标标识和有"国食健字 G20050621 号"批准文号的保健酒。2011 年 1 月 1 日,湖南省湘潭市某糖酒有限公司购进该产品。后湖北省某有限公司以广西壮族自治区某酒业有限公司侵权为由向湖南省湘潭市工商行政管理局雨湖分局提出查处请求。湘潭市工商行政管理局雨湖分局作出潭雨工商处字(2011)第 24 号《行政处罚决定书》,认定广西壮族自治区某酒业有限公司的行为属商标侵权行为;湖南省湘潭市某糖酒有限公司的销售行为属于"销售侵犯注册商标专用权的商品"行为,构成侵权,责令立即停止侵权,去除封存的涉案商品上的标识,并处罚款 3.5 万元,湘潭市某糖酒有限公司已缴纳罚款。广西壮族自治区某酒业有限公司不服,向法院提起行政诉讼,要求撤销湖南省湘潭市工商行政管理局雨湖分局所作行政处罚,经过一审、二审,最终湖南省湘潭市中级人民法院判决撤销该行政处罚决定。

【张茜点评】本案的保健酒产品及其他食品领域的产品属于

商品使用分类具体某个范畴,需要由国家相关的法定职能部门做出具体的认定。工商行政(现已重组为市场监督管理)机关在《商标注册用商品和服务国际分类》未就涉案产品作出明确划分的情况下就认定商标侵权并进行行政处罚的行为,明显缺乏事实及法律依据。企业面对此类行政处罚决定时,可以及时向法院提起行政诉讼来保障自己的合法权益。

(二) 经营者在生产经营过程中 应遵循诚实信用原则

——北京市 A 科技有限公司、北京市 B 科技有限公司
与河南省周口市某食品有限公司、江苏省
姑苏区某零食店侵害商标权纠纷案[1]

【案件要旨】经营者在生产经营活动中,应当自觉遵循公平、诚信的原则,遵守法律和商业道德。对于他人在先商业运营所积累的商誉给予充分的尊重,并在标识上进行必要的避让。

【关键词】民事;商标侵权;驰名商标;混淆

【案情简介】原告北京市 A 科技有限公司(以下简称 A 公司)、北京市 B 科技有限公司(以下简称 B 公司)涉案某商标,两原告对此商标进行了大量的宣传和推广,迅速积累了众多用户并吸引了国内外知名媒体的广泛关注。河南省周口市某食品有限公司未经许可生产、销售外包装带有 A 公司和 B 公司某商标的产品,江苏省姑苏区某零食店未经许可销售了被诉侵权产品,故两原告向法院提出诉讼请求,最终法院判决被告河南省周口市某食品有限公司、江苏省姑苏区某零食店立即停止侵害涉案注册商标权及不正当竞争行为;被告河南省周口市某食品有限公司于判决生效

---

[1] 参见江苏省苏州市中级人民法院(2018)苏 05 民初 1268 号《民事判决书》。

之日起 30 日内在《中国工商报》刊登声明,消除影响;被告河南省周口市某食品有限公司于本判决生效之日起 10 日内赔偿原告 A 公司、B 公司经济损失 50 万元;被告河南省周口市某食品有限公司于本判决生效之日起 10 日内赔偿原告 A 公司、B 公司为制止本案侵权行为支付的合理费用 15 万元;被告江苏省姑苏区某零食店对被告河南省周口市某食品有限公司上述第三项、第四项赔偿额在 1.5 万元范围内承担连带赔偿责任。

【张茜点评】在现代商业社会,经营者在生产经营活动中,不能采用不正当的方式攫取他人在先合法的商业利益,在经营的标识上要进行必要的避让,避免消费者产生相关联想,误认为被诉侵权产品与两原告间存在特定联系,否则会有商标侵权及不正当竞争的潜在风险。

本案中,被告生产、销售侵权产品,在外包装上标注了 A 公司和 B 公司产品特有的商标,并将一系列与 A 公司和 B 公司产品密切相关的元素一并使用于产品包装,其主观上显然意在攀附该商标的知名度,客观上也容易导致消费者产生不当联想,误认为被诉侵权产品与两原告间存在特定联系,属于《中华人民共和国反不正当竞争法》所规定的其他足以引人误认为是他人商品或者与他人存在特定联系的行为,构成不正当竞争。

(三)损害商标功能可直接认定商标侵权

——浙江省杭州市某食品有限公司与钱某、浙江省某网络有限公司侵害商标权纠纷案[①]

【案件要旨】商标具有识别商品来源的基本功能,也具有质量

---

① 参见浙江省杭州市余杭区人民法院(2015)杭余知初字第 416 号《民事判决书》。

保障、信誉承载等衍生功能。商标的功能是商标赖以存在的基础，对于商标的侵权足以达到损害其功能的程度的，不论是否具有市场混淆的后果，均可以直接认定构成商标侵权行为。

【关键词】侵犯商标权罪；质量保障；商标许可

【案情简介】原告浙江省杭州市某食品有限公司是在中国范围内唯一一家获得权利人商标许可的被许可人，一直将上述涉案商标在其生产的糖果、饼干等商品上使用，上述涉案商标经过原告长期的经营、使用，以及投入大量人力财力进行宣传，已经具有一定知名度和影响力。被告钱某系某网上购物平台上的个人网店店家，其经营的店铺掌柜名为：某喜铺。钱某未经权利人许可，在其经营的网店上销售擅自使用了与原告相同及近似商标的糖果，该行为侵犯了权利人及原告享有的相关商标专用权，严重损害了权利人及原告的市场利益。钱某通过某网上购物平台销售侵权产品。浙江省某网络有限公司作为某网上购物平台的经营管理者，为钱某的侵权行为提供了便利条件，造成网络上侵权产品泛滥，给原告带来了不可估量的损失。原告认为，综合考虑原告涉案商标的知名度、侵权假冒产品给原告带来的损失、浙江省某网络有限公司在食品安全方面未采取足够注意义务、浙江省某网络有限公司对侵权行为的帮助等因素，浙江省某网络有限公司应对钱某的侵权行为承担连带责任。为此，原告诉至法院，法院判决被告钱某于本判决生效之日起10日内赔偿原告浙江省杭州市某食品有限公司经济损失（含合理费用）3万元。

【张茜点评】商标不仅具备识别功能，质量保障、信誉承载功能也是其赖以存在的基础，损害了商标的功能会导致商标侵权的结果。虽然从相关公众的角度来看，并没有产生商品来源混淆的直接后果，但是其分装行为会降低相关公众对涉案商标所指向的商品信誉,从而损害商标的质量保障及信誉承载功能,属于《中华人民共和国商标法》第五十七条规定的"给他人的注册商标专用权造成其他损害的行为",构成商标侵权。

(四)商标侵权惩罚性赔偿需要考虑侵权情节及主观恶意
——北京市某食品饮料有限公司与山东省某罐头食品有限公司侵害商标权纠纷案[①]

【案件要旨】商标侵权惩罚性赔偿的金额不仅需要考虑生产和销售量,还需要考虑侵权产品的种类,以及侵权方的主观恶意。

【关键词】侵犯商标权罪;驰名商标;惩罚性赔偿;主观恶意

【案情简介】原告北京市某食品饮料公司(以下简称某饮料公司)是第1643301号、第4683709号商标的权利人,以上两商标核准注册在商品类别第32类,现在保护期内。某饮料公司一直将两注册商标作为核心标识使用在水果饮料、果汁等商品上。经过某饮料公司的宣传和销售,两商标已经为广大消费者知晓,第1643301号商标于2002年3月12日被(原)国家工商行政管理总局商标局(以下简称商标局)认定为驰名商标。被告山东省某罐头食品有限公司(以下简称某罐头公司)成立于2011年,其未经某饮料公司许可,大量生产、销售带该饮料公司商标的罐头商品,在网站宣传中使用该饮料公司的商标,在其生产的商品的外包装、瓶贴、网站中使用与某饮料公司企业名称高度相似的企业名称。由于第1643301号、第4683709号商标系驰名商标,某罐头公司使用

---

① 参见山东省高级人民法院(2014)鲁民三初字第2号《民事判决书》、最高人民法院(2015)民三终字第7号《民事判决书》。

某饮料公司的标识及字号的行为构成商标侵权及不正当竞争,给某饮料公司造成了严重的声誉损失和经济损失,故向法院提起诉讼,一审山东省高级人民法院判决被告自本判决生效之日起立即停止在其企业名称中使用某饮料公司的品牌字号的不正当竞争行为并赔偿原告经济损失 300 万元;二审最高人民法院改判被告赔偿原告经济损失 1 000 万元。

【张茜点评】一审法院酌定某罐头公司赔偿某饮料公司经济损失 300 万元的赔偿额仅考虑了其中一种侵权产品的生产和销售量,明显过低。二审法院除考虑所有的侵权种类外,又考虑到被告主观恶意明显,为让被告无利可图,酌定某罐头公司赔偿某饮料公司经济损失 1 000 万元。可见司法实践中,对于侵权情节严重、侵权恶意明显的行为,适用惩罚性赔偿,法院也是通过这种做法来震慑恶意商标侵权人。

(五) 商标行政授权不影响司法判决的执行
——广东省深圳市某饮料实业有限公司诉广东省广州市某食品有限公司等侵害商标权及不正当竞争纠纷案[①]

【案件要旨】法院经审理认定使用被诉商标的行为侵犯他人注册商标专用权,判决被告停止使用被诉商标,即便之后被诉商标获准注册,被告仍应承担停止使用的侵权责任。

【关键词】侵犯商标权罪;在后注册;注册商标权的冲突;司法判决与行政授权

【案情简介】原告广东省深圳市某饮料实业有限公司(以下简

---

① 参见广东省中山市第二人民法院(2017)粤 2072 民初 3545 号《民事判决书》、广东省中山市中级人民法院(2017)粤 20 民终 6728 号《民事判决书》、广东省高级人民法院(2018)粤民申 7999 号《民事裁定书》。

称 A 公司)成立于 1987 年,其于 2011 年至 2019 年间许可广东省广州市某食品饮料有限公司(以下简称 B 公司)、广东省某维生素饮料有限公司(以下简称 C 公司)使用第 1294375 号、第 572703 号商标。A 公司主张其不仅享有注册商标专用权,且其生产销售的某饮料商品是知名商品,该商品使用的装潢属于知名商品的装潢,也应当受到法律保护。2016 年 5 月 19 日,A 公司的代理人在波记百货店购买到品名与 A 公司的知名商品品名仅差 1 个字的运动饮料 2 瓶,该饮料为广东省广州市某食品有限公司(以下简称 D 公司)委托天晨公司生产。A 公司认为,D 公司生产的这款运动饮料上突出使用了某饮料的商标,侵害了 A 公司第 11228780 号、第 11528072 号两个文字商标,而该款饮料所使用的装潢与 A 公司知名商品特有装潢相近似,构成不正当竞争。A 公司便以侵害商标权及不正当竞争为由向法院起诉四被告,即 D 公司、天晨公司、波记百货店,以及波记百货店的经营者邹某。一、二审法院均认定侵权,后 D 公司申请再审,称其已经取得第 19452225 号注册商标,其在被诉侵权产品上使用该注册商标,不构成对 A 公司涉案注册商标的侵害。再审法院认为 D 公司实施被诉侵权行为在前,获得第 19452225 号注册商标在后。而且 A 公司已经提供证据证明其涉案注册商标在 D 公司申请注册第 19452225 号商标之前就已经具有较高的知名度,但 D 公司仍然在与 A 公司涉案商标核定使用的商品类别上申请注册近似商标并在被诉侵权产品上使用该标识,其攀附 A 公司涉案注册商标知名度的主观恶意明显,而且该行为容易导致相关公众的混淆误认,从而损害了 A 公司的合法权利。

【张茜点评】本案的一个亮点在于 D 公司再审主张其使用第 19452225 号商标属于合法使用注册商标的抗辩的问题。广东高院在裁定书中也阐释得非常清楚：D公司使用商标的被诉侵权行为在先，二审判决生效后D公司才获准注册第19452225号商标，因此不属于《关于审理注册商标、企业名称与在先权利冲突的民事纠纷案件若干问题的规定》第一条规定的商标权冲突的情形，无须先向商标行政主管机关申请解决。可见，在商标侵权案件中法院着重审查的还是侵权行为发生时的具体情形，与判决之后商标是否注册成功与否关系不大。

二、食品专利

（一）专利行政机关执法应按照合法程序

——河南省新乡市知识产权局、河南省新乡市某车辆有限公司专利行政管理（专利）案[1]

【案件要旨】专利行政机关在必要的情况下应当采取相关措施，在调查相关人员的情况下作出被诉处理决定。

【关键词】食品专利；侵权产品；专利侵权

【案情简介】王某于2015年1月14日向国家知识产权局申请"一种物流运输骨架半挂车专用货物托盘"，于2015年6月24日获得授权。2016年1月4日，王某请求河南省新乡市知识产权局处理河南省新乡市某车辆有限公司（以下简称某车辆公司）生产、销售的物流运输骨架半挂车专用货物托盘侵犯专利权的行为，要求：① 立即停止侵权行为，正在生产的半成品予以查存；② 侵权产品不得销售；③ 在专利保护期内已销售的产品，每台赔偿王某1.5万元经济损失。

---

[1] 参见河南省郑州市中级人民法院(2016)豫01行初302号《行政判决书》、河南省高级人民法院(2018)豫行终2047号《行政判决书》。

2016年5月3日,河南省新乡市知识产权局作出新知法处字〔2016〕1号专利侵权纠纷案件处理决定(以下简称被诉处理决定),认定:① 王某是涉案专利的专利权人,王某有权提出专利纠纷处理请求;② 因被请求人(某公司)否认生产过涉案侵权产品,请求人(王某)无法提供被请求人的购销合同及发票证明,就现有证据来看不能形成完整的证据链,无法证明被请求人的具体销售行为。河南省新乡市知识产权局驳回王某对涉案专利侵权纠纷的请求。王某遂诉至原审法院,请求撤销被诉处理决定。最终法院撤销新乡市知识产权局新知法处字〔2016〕1号专利侵权纠纷案件处理决定。

【张茜点评】根据《中华人民共和国专利法》第六十四条第一款的规定,本案河南省新乡市知识产权局对有证据证明是假冒专利的产品具有查封或扣押的权力。河南省新乡市知识产权局在认为专利侵权以及涉案车上标有某车辆公司企业名称、对查明被控侵权产品的来源具有很强的证据价值的情况下,未对该车辆依法采取查封或者扣押措施以固定证据,以及进一步查明被控侵权产品是否为该车辆公司生产,即马上作出被诉处理决定是不对的。行政机关执法也要按照合法程序来执行。

(二)现有技术抗辩的标准为"无实质性差异"

——上海市某饮料设备工程有限公司诉上海市某机械自动化有限公司侵害实用新型专利权纠纷案[1]

【案件要旨】被控侵权产品落入权利人专利权保护范围,应认定为未经许可,制造、销售被控侵权产品的行为,侵害了原告的专

---

[1] 参见上海市第一中级人民法院(2013)沪一中民五(知)初字第93号《民事判决书》。

利权,应当承担停止侵权和赔偿损失的民事责任。

【关键词】实用新型;专利侵权;现有技术抗辩

【案情简介】2012年3月7日,原告向国家知识产权局申请"液态食品包装生产线的螺旋缓冲塔输送链盖板"实用新型专利,2012年10月3日获得授权,专利号为ZL201220083595.8。该专利目前仍在保护期内。经当庭启封前述公证购得、封存的被控侵权产品封袋,内有两款盖板,分别为"C型"盖板、"C型改进型"盖板。经比对,双方当事人均确认两款被控侵权盖板的技术特征与原告专利3项权利要求记载的全部技术特征均相同。法院判决:① 被告上海市某机械自动化有限公司应于本判决生效之日起立即停止侵害原告上海市某饮料设备工程有限公司享有的专利号为ZL201220083595.8的"液态食品包装生产线的螺旋缓冲塔输送链盖板"实用新型专利权;② 被告上海市某机械自动化有限公司应于本判决生效之日起10日内赔偿原告上海市某饮料设备工程有限公司经济损失及合理费用,共计人民币12万元。

【张茜点评】本案的争议焦点主要在于被告主张的现有技术抗辩是否成立。现有技术抗辩,即指在专利侵权纠纷中,被控侵权人有证据证明其实施的技术或者设计属于现有技术或者现有设计的,不构成侵犯专利权。被控侵权人无需证明专利权人的技术或设计是现有技术或现有设计,只需证明被控侵权产品落入专利权保护范围的全部技术特征。

《最高人民法院关于审理侵犯专利权纠纷案件应用法律若干问题的解释》第十四条规定:被诉落入专利权保护范围的全部技术特征,与一项现有技术方案中的相应技术特征相同或者无实质性差异的,人民法院应当认定被诉侵权人实施的技术属于

《中华人民共和国专利法》第六十二条规定的现有技术。前述司法解释中使用了"无实质性差异"的措辞,比《中华人民共和国专利法》第六十二条的规定更为细致。因此,被诉侵权设计与现有设计相同或者无实质性差异的,应当认定被诉侵权人实施的设计属于现有设计。同时,现有技术抗辩的举证责任应由提出抗辩的一方当事人来承担。抗辩人不仅需要证明现有技术特征与被控侵权技术特征相同,还要证明相关现有技术的公开时间在专利申请日之前。

(三)专利授权过程中放弃的技术方案不得再纳入专利权保护范围

——林某与北京市某商贸有限公司、安徽省某食品有限公司侵害发明专利权纠纷案[①]

【案件要旨】专利申请人、专利权人在专利授权或者无效宣告程序中,通过对权利要求、说明书的修改或者意见陈述而放弃的技术方案,权利人在侵犯专利权纠纷案件中又将其纳入专利权保护范围的,人民法院不予支持。

【关键词】发明权;专利权侵权;无效宣告;等同侵权

【案情简介】涉案专利系 ZL02103777.9 号名称为"一种避免或减少冻肉解冻时血水流失的方法"的发明专利,专利权人为林某。涉案专利的申请日为 2002 年 3 月 21 日,授权公告日为 2005 年 4 月 20 日。2016 年 9 月 27 日,安徽省某食品有限公司(以下简称某食品公司)针对涉案专利向中华人民共和国国家知识产权局

---

① 参见北京知识产权法院(2015)京知民初字第 1674 号《民事判决书》、北京市高级人民法院(2017)京民终 758 号《民事判决书》、最高人民法院(2018)最高法民申 3933 号《民事裁定书》。

专利复审委员会(简称专利复审委员会)提起无效宣告请求,请求宣告涉案专利全部无效。2017年3月22日,专利复审委员会作出第31667号无效宣告请求审查决定(简称第31667号决定),决定维持涉案专利有效。原告林某发现,被告在北京市海淀区四道口路1号的北京二商集团西郊食品冷冻厂,在门口标有"某公司"的店内,销售侵权产品,遂起诉到法院要求停止侵权并承担侵权责任。

一审北京知识产权法院认为被告某食品公司生产被控侵权产品的行为没有落入涉案专利权利要求的保护范围,驳回林某的诉讼请求;二审驳回上诉,维持原判,再审再次驳回。

【张茜点评】专利等同侵权原则是指将被控侵权的技术构成与专利权利要求书记载的相应技术特征进行比较,如果所属技术领域的普通技术人员在研究了专利权人的说明书和权利要求后,不经过创造性的智力劳动就能够联想到的,并且与专利技术相比,在目的、功能、效果上相同或者基本相同的,则应当认定侵权成立。

依据《最高人民法院关于审理侵犯专利权纠纷案件应用法律若干问题的解释》第五条规定,本案原告林某在专利授权过程中答复《第一次审查意见通知书》中明确表示涉案专利与对比文件在作用机理上存在区别并对此进行了比较分析,表明涉案专利与对比文件存在明显不同,涉案专利也因此获得了授权,故法院认定其已构成通过答复的方式放弃由注射、滚揉等机械力量的涂抹方式所构成的技术方案。被告安徽省某食品公司在生产过程中使用的注射、滚揉等方式施加了一定的机械力量,其与涉案专利权利要求限定的技术方案不构成相同或等同的技术特征。

（四）当事人举证妨碍、不诚信诉讼、拒不执行生效行为保全裁定等行为都应承担不利后果

——浙江省嘉兴市某化工有限责任公司、上海市某新技术有限公司侵害技术秘密纠纷案[①]

【案件要旨】 当事人举证妨碍、不诚信诉讼、拒不执行生效行为保全裁定等行为都应承担不利后果。

【关键词】 技术秘密；商业秘密；侵权赔偿数额

【案情简介】 浙江省嘉兴市某化工公司（以下简称某化工公司）与上海市某新技术有限公司共同（以下简称某新技术公司）研发了乙醛酸法生产香兰素[②]工艺，并将之作为技术秘密保护。该工艺实施安全、易于操作、效果良好，相比传统工艺优越性显著，某化工公司基于这一工艺一跃成为全球最大的香兰素制造商，占据了香兰素全球市场约60%的份额。

某化工公司、某新技术公司认为某集团公司、某科技公司、某公司、傅某某、王某某未经许可使用其香兰素生产工艺，侵害其技术秘密，故诉至浙江省高级人民法院，请求判令停止侵权，赔偿经济损失及合理开支5.02亿元。

浙江省高级人民法院认定侵权成立，判令侵权方停止侵权、赔偿经济损失300万元及维权合理开支50万元。浙江省高级人民

[①] 参见最高人民法院（2020）最高法知民终1667号《民事判决书》。
[②] 香兰素：又名香草醛、香草粉、香草精，是从芸香科植物香荚兰豆中提取的一种有机化合物。
香兰素具有香荚兰豆香气及浓郁的奶香，起增香和定香作用，广泛用于化妆品、烟草、糕点、糖果，以及烘烤食品等行业，是全球产量最大的合成香料品种之一。香兰素在最终加香食品中的建议用量为0.2—20 000 mg/kg。根据我国卫健委的规定，香兰素可用于较大婴儿、幼儿配方食品和婴幼儿谷类食品（婴幼儿配方谷粉除外）中，最大使用量分别为5 mg/ml和7 mg/100克。香兰素也可用作植物生长促进剂、杀菌剂、润滑油用消泡剂等，还是合成药物和其他香料的重要中间体。——董佳莉补充

法院在作出一审判决的同时，作出行为保全裁定，责令某科技公司、某公司立即停止使用涉案技术秘密，但某科技公司、某公司并未停止使用行为。除王某某外，本案各方当事人均不服一审判决，向最高人民法院提出上诉。

二审中，某化工公司、某新技术公司上诉请求的赔偿额降至1.77亿元。最高人民法院知识产权法庭根据权利人提供的经济损失相关数据，综合考虑涉案技术秘密商业价值巨大、侵权规模大、侵权时间长、拒不执行生效行为保全裁定性质恶劣等因素，改判某集团公司、某公司、傅某某、某科技公司及其法定代表人王某某连带赔偿权利人经济损失1.59亿元。同时，法庭决定将本案涉嫌犯罪线索向公安机关移送。

【陈艳丽点评】该案是司法实践中具有指导意义的侵害商业秘密案件。案件涉及非法使用商业秘密行为的事实推定、法定代表人承担连带责任的认定，以及侵权损害赔偿数额的计算等法律问题。同时该案将涉嫌犯罪线索移送至公安机关，也有效推进了民事侵权救济与刑事犯罪惩处的衔接。

商业秘密案件的一个重要举证环节就是是否属于秘密的认定，以及秘密点的认定。在相当多的商业秘密案件中，权利人的日常管理不规范，以及技术保密措施不健全，导致最后无法认定为商业秘密（技术秘密）。该案对企业内部保密措施日常管理和商业秘密维权均具有重要实践指导意义。某化工公司与某新技术公司较为完整的技术秘密研发过程存档、健全的内部保密措施管理，以及积极的权利主张行为，都是本案的重要环节。

下 篇

药品案例评析

第五章 药品研制与生产

一、药品注册

（一）在新药申报中，申报生产时的稳定性数据是临床申报时稳定性数据的一种延续，保证申报资料数据的真实可靠属于技术出让方应当负有的责任

——江苏省某制药有限公司与北京市某医药技术研究所技术转让合同纠纷案[1]

【案件要旨】在涉及药品的技术转让合同中认定违约行为，应当结合药品注册的流程以及国家对药品注册管理的相关规定，正确理解合同的条款，准确解释合同的目的，从而判断履约行为是否符合合同约定。

违约行为的评判不能脱离客观技术事实。在新药申报中，申报生产时的稳定性数据是临床申报时稳定性数据的一种延续，保证申报资料数据的真实可靠属于技术出让方应当负有的责任。药品研发和药品生产企业均有保证公众用药安全的义务和责任。药品研发中的技术出让方提供真实可靠的技术资料，对申报资料内容的真实性负责，不仅是合同义务，还是其作为药品注册申请人的法定义务。

---

[1] 参见最高人民法院(2013)民申字第718号《民事判决书》。

【关键词】新药申报;药品技术转让;合同目的;合同解除

【案情简介】2003年12月16日,江苏省某制药有限公司(甲方)与北京市某医药技术研究所(乙方)签订《盐酸罗哌卡因[①]原料与注射剂技术转让合同》,项目名称为"新药盐酸罗哌卡因原料与注射剂的临床批件转让项目",包括原料药与注射剂。之后,北京市某医药技术研究所出具授权书,授权江苏省某制药有限公司对盐酸罗哌卡因原料与水针开展二期临床研究,同时提供了包括盐酸罗哌卡因原料药、盐酸罗哌卡因注射液在内的稳定性研究的试验资料及文献资料。江苏省某制药有限公司按照合同约定分别向北京市某医药技术研究所累计付款150万元。

临床试验结束后,江苏省某制药有限公司与北京市某医药技术研究所共同向国家药监局申请新药证书和生产批件。2008年8月28日,国家药监局向两单位下发审批意见通知件,不批准两单位对盐酸罗哌卡因原料药及盐酸罗哌卡因注射液提出的注册申请,理由均为:发现本申请药学方面资料存在真实性问题。因此,盐酸罗哌卡因原料药等新药注册申请未获批准,盐酸罗哌卡因氯化钠注射液注册申请亦未获批准。国家药监局药品审评中心就申报材料针对济川公司的查询回复认为,依据2008年4月10日专家会议确定的《研究资料及图谱真实性问题判定标准》,可以判定本品申报资料中药学试验资料存在真实性问题,根据《药品注册管理办法》的有关规定,不批准本注册申请。经比对,存在真实性问题的图谱资料来源于北京市某医药技术研究所向国家药监局申请盐酸罗哌卡因原料药及盐酸罗哌卡因注射液临床批件时的申报资料10。

---

① 盐酸罗哌卡因是一种新型长效酰胺类局麻药,其作用持续时间长,且具有麻醉和止痛作用,尤其适用于术后镇痛和产科麻醉。——董佳莉补充

江苏省泰州市中级人民法院于 2010 年 11 月 22 日作出(2009)泰民三初字第 30 号民事判决,以根本违约为由判令:解除涉案盐酸罗哌卡因原料与注射剂技术转让合同。

二审驳回上诉,维持原判,再审驳回再审申请。

【崔连宁点评】根本违约是合同义务履行方的义务履行行为已导致或将导致合同目的最终落空,以致守约方可依据合同法定解除的规定主张解除合同。本案中双方签订技术转让合同的目的在于获取国家药监局批复的新药证书和生产批件。北京市某医药技术研究所提供的药学试验资料存在真实性的问题,致使该新药的有效期、安全性和临床药效无法确定,无法确定该新药的技术是否稳定可靠,直接导致江苏省某制药有限公司签订的技术转让合同目的落空。根据《中华人民共和国民法典》第五百六十三条、第五百六十六条、第八百七十条,《药品注册管理办法》第十三条,江苏省某制药有限公司有权解除合同并有权请求返还已经支付的技术转让费用。

(二) 国家市场监督管理总局应当对药品注册申请审慎履行审查职责并对药品满足安全性、有效性和质量可控性是否满足注册标准尽到善意提醒义务

——中华人民共和国(原)国家食品药品监督管理总局与越南某药品有限责任公司许可类审判监督案[①]

【案件要旨】被申请人应当审慎地履行审查职责并尽到善意的提醒义务,而不应在本可能通过要求申请人予以解释或补充相关材料就可以对诉争药品是否满足安全性、有效性和质量可控性

---

① 参见最高人民法院(2014)行提字第 27 号《行政判决书》。

作出进一步评价的情况下,以申请人提供的资料欠缺、不充分和不符合要求为由,将申请人的临床试验申请予以驳回。

【关键词】药品行政监督;许可

【案情简介】越南某公司于 2009 年 4 月 15 日向(原)国家食药总局提出了非洛地平控释片①进口化学药品临床试验注册申请。(原)国家食药总局于 2009 年 4 月 30 日将相关申报资料移交药品审评中心,该中心于 2010 年 11 月 12 日重新作出《综合评审意见》后,(原)国家食药总局于当日对越南某公司上述申请作出不批准注册(进行临床研究)的决定(批件号为 2010104265),理由为:进口制剂中所用原料药应提供国家药品管理机构出具的允许该原料药上市销售的证明性文件,以及该药品生产企业符合药品生产质量管理规范的证明性文件。而本品中所用原料药来源于浙江省某公司制药厂,该厂本无原料药的批准文号,申报资料中也未提供该原料药的合成工艺、结构确证、质量研究和稳定性研究等研究资料及生产厂符合药品质量管理规范的证明性文件。根据《药品注册管理办法》第九十五条和附件 2 第六条,不批准非洛地平控释片的注册申请。越南某公司不服,向一审法院提起行政诉讼。

北京市第一中级人民法院一审认为:被告作出《审批意见通知件》的事实清楚、证据充分、适用法律正确,原告请求本院撤销《审批意见通知件》,责令被告重新作出决定的诉讼请求,一审法院不予支持。北京市高级人民法院二审认为:驳回上诉,维持一审判决。越南某公司申请再审,最高人民法院再审判决:

---

① 非洛地平控释片:适用于高血压、稳定性心绞痛。——董佳莉补充

撤销北京市高级人民法院(2012)高行终字第 90 号行政判决；撤销(原)国家食药总局作出的批件号为 2010104265 的审批意见通知；责令(原)国家食药总局在法定期限内对越南某公司提出的"非洛地平控释片化学药品临床试验申请"重新作出行政行为。

【崔连宁解析】药品注册的法定含义是国家市场监督管理局根据药品注册申请人的申请，依照法定程序，对拟上市销售药品的安全性、有效性、质量可控性等进行审查，并决定是否同意其申请的审批过程。本案涉及的是进口药品制剂申请中原料药尚未取得(原)国家食品药品监督管理局(现已改组为国家市场监督管理总局)批准又没有报送有关生产工艺、质量标准和检验方法等规范性研究资料。同时结合《药品注册管理办法》第一百五十四条规定的药品注册申请中不予批准的几种情形之一即"(六)原料药来源不符合规定的"，看似可以得出(原)国家食药总局不予批准的结论是符合法律依据的。但问题在于在申请人没有主动提供原料药生产工艺等规范性研究材料，(原)国家食药监又没有通知要求申请人补充上述材料的基础上直接做出不予批准的决定是否符合行政立法、行政裁量要求。《药品注册管理办法》第九十一条规定："国家食品药品监督管理局药品审评中心应当在规定的时间内组织药学、医学及其他技术人员对申报资料进行审评，必要时可以要求申请人补充资料，并说明理由。"此条规定也把申请人是否需要提交补充材料及提交哪些补充材料的裁量权授予食品药片监督管理部门。但是裁量权的行使应当符合立法目的并实现程序正义与实质正义的统一。

药品注册管理办法的出台是为了保证药品的安全、有效和质量可控，规范药品注册行为，该办法的本质是为了药品的注册而不是如何实现不注册药品，因此在本案中申请人未提交原料药生产工艺等规范性等研究材料时,(原)国家食药监总局应当依职能要求申请人提交相应的补充材料,如若申请人在法定的时间内不能提交补充材料,由此才能导致《药品注册管理办法》第一百五十四条第六项所规定的情形。因此,最高人民法院的判决要求(原)国家食药监总局重新作出行政行为,以充分保障申请的合法权利,实现行政裁量的合法、合理、适当。

(三) 药品外包装未标明进口药品注册文号,是否可以构成按假药论处的充分依据

——吴某、倪某犯生产、销售假药案[①]

【案件要旨】浙江省温州市市场监督管理局以出售药品其包装上未标明进口药品注册文号为由按假药论处,法院亦以此认定为当事人构成销售假药罪。

【关键词】生产;销售假药罪

【案情简介】2015年6月30日14时许,吴某、倪某经事先共谋,到浙江省温州市瓯海区南浦路某酒店登记入住5011房间。同日15时许,吴某通过微信联系的方式将陈某约至上述房间,将一瓶由倪某提供的名称为"注射用Ａ型肉毒毒素"[②]的药品,以人民币1600元的价格销售给陈某,并为陈某注射该物,后被公安人员当场查获。经温州市市场监督管理局判定,上述被用于销售的"注射用Ａ型肉毒毒素"属于药品,但其外包装上未标明进口药品注册文号,应按假药论处。

吴某、倪某的供述及其微信联系的记录,印证证实其二人明知

---

① 参见浙江省温州市中级人民法院(2015)浙温刑终字第1464号《刑事判决书》。
② 注射用Ａ型肉毒毒素:处方药,适用于眼睑痉挛、面肌痉挛及相关局灶性肌张力障碍。可暂时改善65岁及65岁以下成人因皱眉肌和/或降眉间肌活动引起的中度至重度皱眉纹。——董佳莉补充

是走私入境的药物而予以销售的事实。同时,药品包装盒亦扣押在案,足以证实涉案药品系境外药品。况且,境内的同类产品的销售价要高于境外的价格,吴某上诉及其辩护人提出的用境内合法生产的产品冒充境外药物的理由,没有依据,不予采信。根据《中华人民共和国药品管理法》的规定,必须批准而未经批准生产、进口,必须检验,而未经检验而销售的药品,以假药论。本案的相关监管部门认定涉案药品系"按假药论"的判定依据充分,吴某上诉及其辩护人提出的"按假药论"的依据存疑的理由不当,不予采纳。原审法院以销售假药罪,分别判处吴某有期徒刑8个月,并处罚金人民币5 000元;倪某有期徒刑8个月,并处罚金人民币5 000元。并判令将随案移送的作案工具手机2部予以没收。

【崔连宁解析】案涉药品为医疗美容常用药品之一,近年国内消费者对医疗美容消费的需求可谓呈现出爆炸式增长的态势。部分不法分子见机从境外向境内走私药品以获取高额利润。这不仅仅扰乱了国内的医药管理秩序,也给药品的使用者带来非常大的人身损害风险。就假药的认定,《中华人民共和国刑法》第一百四十一条第二款规定"本条所称假药,是指依照《中华人民共和国药品管理法》的规定属于假药和按假药处理的药品、非药品"。《中华人民共和国药品管理法》第九十八条规定"禁止生产(包括配制,下同)、销售假药。""依照本法必须批准而未经批准生产、进口,或者依照本法必须检验而未经检验即销售的"按假药论处,本案中外包装上未标明进口药品注册文号是药品未经批准进口的必然结果或为注明进口注册文号是未进行进口批准的直接证据之一。因此,涉案人员无疑存在销售假药行为。

值得注意的是2020年12月26日第十三届全国人民代表大

会常务委员会第二十四次会议通过了《中华人民共和国刑法修正案(十一)》,其中对有关生产、销售假药罪做出如下修订:"五、将刑法第一百四十一条修改为:生产、销售假药的,处三年以下有期徒刑或者拘役,并处罚金;对人体健康造成严重危害或者有其他严重情节的,处三年以上十年以下有期徒刑,并处罚金;致人死亡或者有其他特别严重情节的,处十年以上有期徒刑、无期徒刑或者死刑,并处罚金或者没收财产。""药品使用单位的人员明知是假药而提供给他人使用的,依照前款的规定处罚。""七、在刑法第一百四十二条后增加一条,作为第一百四十二条之一:违反药品管理法规,有下列情形之一,足以严重危害人体健康的,处三年以下有期徒刑或者拘役,并处或者单处罚金;对人体健康造成严重危害或者有其他严重情节的,处三年以上七年以下有期徒刑,并处罚金:(一)生产、销售国务院药品监督管理部门禁止使用的药品的;(二)未取得药品相关批准证明文件生产、进口药品或者明知是上述药品而销售的;(三)药品申请注册中提供虚假的证明、数据、资料、样品或者采取其他欺骗手段的;(四)编造生产、检验记录的。有前款行为,同时又构成本法第一百四十一条、第一百四十二条规定之罪或者其他犯罪的,依照处罚较重的规定定罪处罚"。由法条的修订可见,关于生产、销售假药罪中关于假药的认定,《中华人民共和国刑法》不再采用准用外部行政法规的立法技术,转而对生产、销售假药行为进行概括式列举,并在《中华人民共和国刑法修正案(十一)》中明确规定,这不仅进一步实现《中华人民共和国刑法》内在逻辑的自洽与体系完整,更能保持刑事司法的一贯与统一,最重要的是把入罪的标准真实的规定在《中华人民共和国刑法》内部条文,既体现《中华人民共和国刑法》的独立,也避免刑事司法对行政认定的依赖。

二、药品临床试验

(一) 在药物临床试验关系中,受试者与实施临床试验的医疗机构之间存在医疗服务合同关系和药物临床试验合同关系,又与该项药物临床试验的申办者之间存在合同关系

——李某、冉某诉某公司等药物临床试验合同纠纷案①

【案件要旨】合同关系的成立,有书面形式、口头形式和其他形式。在药物临床试验关系中,受试者与实施药物临床试验的医疗机构之间存在医疗服务合同关系和药物临床试验合同关系,又与该项药物临床试验的申办者之间存在合同关系,除非受试者与申办者另有约定。

【关键词】民事;药物临床试验;合同成立;格式条款;损害赔偿

【案情简介】李某某和冉某某为夫妻关系,冉某是李某某、冉某某之子。2012年8月18日6时30分,冉某某因"言语不清1小时,伴左侧肢体乏力"由救护车送至广州医科大学附属第二医院(以下简称广医二院)急诊科就诊。经医患反复沟通,冉某某参加了由某公司申办并资助、由北京大学伦理委员会审查通过,并在广医二院实施的"改进高血压管理和溶栓治疗的卒中研究"药物临床试验项目,进行静脉溶栓治疗。冉某某及李某某阅读并理解了《受试者知情同意介绍》,签署了《受试者知情同意书》及《受试者代理人知情同意书》。患者参加了案涉研究的A部分和B部分,其中A部分分配至标准剂量组(0.9毫克/千克),B部分分配至更积

---

① 参见广东省广州市中级人民法院(2017)粤01民终268号《民事判决书》。

极降压组(140—150毫米汞柱)。2012年8月25日18时39分，冉某某经治疗无效死亡，死亡原因经尸检鉴定为大面积脑梗死和脑疝形成。

为此，李某某、冉某向法院提起诉讼，要求某公司承担致冉某某死亡的相关赔偿责任。广州市海珠区人民法院于2016年9月5日作出如下判决：驳回李某某、冉某的诉讼请求。李某某、冉某不服原审判决，提出上诉。广州市中级人民法院于2017年3月31日作出(2017)粤01民终268号判决：一、撤销广州市海珠区人民法院(2013)穗海法民一初字第1433号民事判决。二、某公司应当自本判决送达之日起7日内向李某某、冉某赔偿292 765.75元。三、驳回李某某、冉某的其他诉讼请求。

【崔连宁解析】本案中，由于存在诊疗行为及接受药物临床试验行为，可知患者与广医二院之间存在两种合同关系，即同时存在医疗服务合同关系与药物临床试验合同关系。有争议的是，患者与临床试验的申办者某公司之间是否构成药物临床试验合同关系，或者药物临床试验合同是否一定要采取书面形式。根据《中华人民共和国民法典》(合同编)的相关规定可知，书面形式的合同类型限于法律规定的有限情形，其中并不包含临床试验合同。《中华人民共和国民法典》(合同编)第四百六十九条规定，"当事人订立合同，可以采用书面形式、口头形式或者其他形式"。由此可知合同关系的成立，不只通过书面形式、口头形式，通过其他形式如事实行为也可建立合同关系，如乘客通过闸机扫码乘坐地铁、消费者前往饮品店点单消费等事实行为，就是以事实行为构建了双方的合同关系。因此患者与乔治公司之间没有书面合同，但这并不能说明两者之间不存在合同关系。

此外，《药物临床试验质量管理规范》第四十三条规定"申办者应对参加临床试验的受试者提供保险,对于发生与试验相关的损害或死亡的受试者承担治疗的费用及相应的经济补偿。申办者应向研究者提供法律上与经济上的担保,但由医疗事故所致者除外"。某公司作为临床试验的申办者,其提供的《受试者知情同意介绍》《受试者知情同意书》中有关"对损害或者并发症的赔偿"条款不仅对医院与患者具有约束力,对某公司也有约束力。正因为该条款是由某公司提供,也正因为这些知情同意文件及其他文件的存在,才使案涉药物临床试验得以经北京大学、广医二院伦理委员会审查批准。该条款不仅是广医二院对受试者的承诺,也构成申办人、资助方对受试者的承诺。据此,某公司虽未与患者签订合同书等书面文件,仍应与广医二院,同时与患者之间成立药物临床试验合同关系。

(二) 医药公司未经许可禁止将已获批项目的剩余样品转至其他公司开展超审批范围科研活动

——某医药公司投资(中国)有限公司
遭科技部行政处罚案[①]

【案件要旨】某医药公司未经许可将已获批项目的剩余样本转运至福建省厦门市某生物医药科技股份有限公司和某医药研发(北京)有限公司,开展超出审批范围的科研活动,受到国家科技部多项行政处罚。

【关键词】剩余样本;超审批研究;其他公司

【案情简介】根据《人类遗传资源管理暂行办法》(国办发〔1998〕36号)、《中华人民共和国行政处罚法》等有关规定,中国人类遗传资

---

① 参见中华人民共和国科技部国科罚〔2018〕1号《行政处罚决定书》。

源管理办公室对某医药公司违反人类遗传资源管理规定一案进行调查,现已调查终结。经查明,该公司存在以下违法违规行为。

某医药公司未经许可将已获批项目的剩余样本转运至厦门市某生物医药科技股份有限公司和某医药研发(北京)有限公司,开展超出审批范围的科研活动。上述行为违反了《人类遗传资源管理暂行办法》(以下简称《暂行办法》)第四条和第十一条规定。现根据《暂行办法》第二十二条和《中华人民共和国行政许可法》及《中华人民共和国行政处罚法》有关规定,决定处罚如下:① 对某医药公司进行警告;② 没收并销毁违规利用的人类遗传资源材料;③ 撤销国科遗办审字〔2015〕83 号、〔2016〕837 号两项行政许可;④ 自本决定书送达之日起停止受理某医药公司涉及中国人类遗传资源国际合作活动申请,整改验收合格后,再进行受理。

根据《中华人民共和国行政处罚法》第三十二条规定,某医药公司如不服上述处罚决定,可在收到《行政处罚决定书》之日起 60 日内向科技部申请行政复议,也可在 6 个月内向有管辖权的人民法院提起行政诉讼。行政复议和行政诉讼期间上述决定不停止执行。逾期不履行上述决定的,处罚机关将申请人民法院强制执行。

【崔连宁解析】 我国历来高度重视人类遗传资源的保护和利用工作,1998 年的《暂行办法》对有效保护和合理利用我国人类遗传资源发挥了积极作用。但是,随着形势发展,我国人类遗传资源管理出现了一些新情况、新问题:人类遗传资源非法外流不断发生;人类遗传资源的利用不够规范、缺乏统筹;利用我国人类遗传资源开展国际合作科学研究的有关制度不够完善;《暂行办法》也存在对利用人类遗传资源的规范不够、法律责任不够完备、监管措施需要进一步完善等问题。

为解决实践中出现的突出问题,促进我国人类遗传资源的有效保护和合理利用,2019年3月20日,国务院第41次常务会议通过了《人类遗传资源管理条例》(以下简称"《管理条例》"),并于2019年7月1日起施行。本案中某医药公司投资(中国)有限公司的行为在《管理条例》出台的背景下,应当适用该条例第二十三条及第四十一条:"在利用我国人类遗传资源开展国际合作科学研究过程中,合作方、研究目的、研究内容、合作期限等重大事项发生变更的,应当办理变更审批手续。""外国组织、个人及其设立或者实际控制的机构违反本条例规定,在我国境内采集、保藏我国人类遗传资源,利用我国人类遗传资源开展科学研究,或者向境外提供我国人类遗传资源的,由国务院科学技术行政部门责令停止违法行为,没收违法采集、保藏的人类遗传资源和违法所得,处100万元以上1000万元以下罚款,违法所得在100万元以上的,处违法所得五倍以上十倍以下罚款。"

(三) 临床试验批件由审批制改为备案制背景下,合同履行横跨两个阶段的,根据两种制度的审查标准和性质探究合同目的是否实现

——某制药股份有限公司与江苏省扬州市某医药新技术有限公司技术委托开发合同纠纷案[①]

【案件要旨】合同约定触发付款义务的"获得临床试验批件"从审批制改为备案制时获得临床试验批件,江苏省扬州市某医药新技术有限公司是否已经履行获得临床试验批件的合同义务,某制药股份有限公司是否应履行涉案合同中约定的第二期、第三期付款的合同义务。

【关键词】技术委托开发;合同义务;制度改革

---

① 参见最高人民法院(2019)最高法民申4269号《民事裁定书》。

【案情简介】某制药股份有限公司与江苏省扬州市某医药新技术有限公司签订了项目名称为:"依折麦布片10毫克制剂开发和质量研究"(以下简称依折麦布片①),以及项目名称为:"依折麦布原料药技术开发及质量研究"(以下简称依折麦布原料药)的涉案两份《技术开发(委托)合同》,合同中约定将"研制现场检查合格并获得国家药监局受理号"及"制剂产品获得临床批件"作为触发某制药股份有限公司第二期、第三期付款义务的依据。两份合同系双方当事人真实意愿表示,不违反法律规定,合法有效,双方均应按照合同的约定履行合同义务。

2016年10月20日,依折麦布片项目即取得了(原)国家食品药品监督管理总局下发的《药物临床试验批件》。根据《国家食品药品监督管理总局关于化学药生物等效性试验实行备案管理的公告》(2015年第257号)的规定,2015年,我国的化学药生物等效性试验由审批制改为了备案制,但是上述公告同时规定,对2015年12月1日前已受理的相关化学药注册申请,注册申请人可以继续通过原有程序审评审批后开展化学药生物等效性试验(以下简称BE试验),也可以主动撤回原注册申请,按本公告要求备案后开展BE试验。申请人某制药股份有限公司拒绝履行涉案合同中约定的第二期、第三期付款的合同义务缺乏依据。

【崔连宁解析】本案涉案项目属于2015年12月1日前已受理的相关化学药注册申请,也不存在撤回重新申请的情况,因此是按照原程序进行的审查审批,因此BE试验由审批制改为备案制并未改变本案中临床批件的审查标准和性质。同时《药品注册管理

---

① 依折麦布片:处方药,是一种胆固醇吸收抑制剂。用于原发性高胆固醇血症、纯合子家族性高胆固醇血症(HoFH)、纯合子谷固醇血症(或植物固醇血症)。——董佳莉补充

办法》第八十三条规定:"药品审评中心应当组织药学、医学和其他技术人员对已受理的药物临床试验申请进行审评。"本案中,(原)国家食品药品监督管理总局发放了《药物临床试验批件》,表示该项目已经符合国家规定。因而不影响认定合同义务履行完毕的事实,某制药股份有限公司拒绝履行涉案合同中约定的第二期、第三期付款的合同义务缺乏依据。

(四)药品研发过程中形成的化合物结构式是否构成商业秘密
——吴某等侵犯商业秘密案[①]

【案件要旨】药品研发中化合物结构式是否构成商业秘密?上诉人吴某侵犯他人商业秘密,造成特别严重的后果,其行为是否已构成侵犯商业秘密罪。

【关键词】化合物结构式;商业秘密

【案情简介】江苏省无锡市某新药开发有限公司(以下简称无锡某公司)与上海市某公司先后与某生物制药公司签订协议,约定由上海市某公司根据某生物制药公司的订单提供合成化学服务,产生的知识产权归该生物制药公司所有,上海市某公司对相应信息负有保密义务。吴某自2008年3月18日起在上海市某公司处工作,岗位为项目组的合成研究员。吴某签署的《雇员保密信息和发明转让协议》约定,其在受雇期间和离职之后,对公司的研究资料及公司从第三方处获得的秘密或专有信息负有保密义务。2010年9月、10月,吴某先后数次采用秘密拆换电脑硬盘的方式,窃取上海市某公司其他研究人员电脑中的相关研究材料,其中包括公

---

① 参见上海市第一中级人民法院(2013)沪一中刑(知)终字第10号《刑事裁定书》。

诉机关指控的 89 个化合物结构式及合成过程信息。10 月 16 日晚,吴某在以上述方式窃取研究资料时被保安当场抓获。10 月 20 日,吴某办理离职手续,并书面确认离职后不向任何人透露其知悉的公司或其客户的任何商业秘密。2011 年 3 月 2 日和 11 日,吴某将其窃取并编辑整理的化合物结构式,以尚未成立的上海市某生物医药科技有限公司的名义,在 SciFinder 和 ACDFIND 数据库及该公司的网站上公开披露,其中包括公诉机关指控的 89 个化合物结构式。上海市某生物科技有限公司于 2011 年 6 月 2 日注册成立,吴某系法定代表人。

【崔连宁解析】何谓商业秘密?《中华人民共和国刑法》第二百一十九条第三款有如下规定:"是指不为公众所知悉,能为权利人带来经济利益,具有实用性并经权利人采取保密措施的技术信息和经营信息。"关于不为公众所知悉,本案中某生物制药公司相关专利说明书公开 28 号、29 号、75 号化合物结构式的时间晚于上诉人吴某披露上述结构式的时间,故在上诉人吴某披露之前,上述化合物结构式仍具有非公知性。此外经济利益的最高表达是要看待该利益是否为法律所认可,是否可以构成法定权利客体可归属于一定的法律主体。案涉结构式本身不携带合成路径、方法及使用的信息,但结构式不同,对应化合物的生物活性也不同。相关技术人员可以从结构式的变化中获得启示,有助于化合物的研发活动。同时,根据《专利审查指南 2024》"8. 特定技术主题的分类方法"之规定,化合物权利要求应当用化合物的名称或者化合物的结构式或分子式来表征。而权利要求是通过技术特征来限定的,因此,分子式或结构式反映了化合物的技术特征,具有实用性。因此,虽未构成专利权利,但是特定化学结构式所代表的经济利益是不言而明的。也正是因为此种原因,上述公司在当初吴某入职之初公司便与其签署保密协议。吴某采取偷换电脑硬盘的方式盗取化学结构式也从侧面说明公司对相关化学结构式施加了保密措施。因此药品研发过程中的化合物结构式构成公司的商业秘密，吴某的行为也构成《中华人民共和国刑法》所认定侵犯商业秘密罪。

三、药品生产

（一）在合同效力的认定中，应该以合同是否违反法律、行政法规的强制性规定为判断标准，而不宜以合同违反行政规章的规定为由认定合同无效

——海南省某药业有限公司、海南省某制药有限公司与海口市某制药股份有限公司技术转让合同纠纷案[1]

【案件要旨】在技术合同纠纷案件中，如果技术合同涉及的生产产品或提供服务依法须经行政部门审批或者许可而未经审批或者许可的，不影响当事人订立的相关技术合同的效力。

【关键词】合同效力；技术转让；生产许可

【案情简介】2001年6月8日，海口市某制药股份有限公司（以下简称A公司）与海南省某制药有限公司（以下简称B公司）签订《关于合作开发注射用头孢哌酮钠他唑巴坦钠新药（1.2克/瓶）的协议》（以下简称《"6·8"协议》）。该协议以A公司为甲方，B公司为乙方，其中规定：双方合作开发研制规格为1.2克/瓶的注射用头孢哌酮钠[2]他唑巴坦钠新药，A公司负责开发研制的技术工作，B公司负责提供开发研制资金；上述两协议签订后，海

---

[1] 参见最高人民法院(2011)民提字第307号《民事判决书》。
[2] 注射用头孢哌酮钠他唑巴坦钠新药：处方药，注射剂，用于治疗由对头孢哌酮单药耐药、对本品敏感的产β-内酰胺酶细菌引起的中、重度感染。——董佳莉补充

南省某药业有限公司(以下简称 C 公司)和 B 公司共付款 110 万元。

2004 年 6 月 12 日,A 公司与 C 公司、B 公司签订《关于转让注射用头孢哌酮钠他唑巴坦钠的合同》(以下简称《转让合同》)。该合同中,A 公司为甲方,C 公司、B 公司为乙方。该合同首部载明:"由于国家政策和实际情况发生变化,甲方与 C 公司于 2001 年 6 月 8 日签订的《关于合作开发注射用头孢哌酮钠他唑巴坦钠新药(1.2 克/瓶)的协议》,不再履行。经双方友好协商,兹就新药注射用头孢哌酮钠他唑巴坦钠(规格为 1.125 克/瓶)转让事宜,签订以下协议。"协议的主要内容为:① 甲方目前正在进行的注射用头孢哌酮钠他唑巴坦钠 II 期临床工作结束后,立即向国家药监部门申报新药证书及生产批件,并在获得批准后将规格为 1.125 克/瓶的产品转让给乙方,乙方同意受让;② 转让完成后,该规格产品的所有权归乙方,甲方向乙方提供有关该规格产品的全套资料(含临床资料)复印件。III 期临床工作由甲方负责,费用由甲方承担;但如乙方增加病例,增加部分的费用由乙方承担;③ 囿于有关药品管理法规的制约,该规格产品的生产批文上所载的生产单位仍为甲方。但甲方承诺,取得生产批件后即积极配合乙方办理委托加工手续,并在获准后立即转交乙方生产,甲方派人指导乙方连续生产三批合格产品;④ 转让价格为 300 万元,取得生产批文之日起 7 日内乙方支付转让价格的 80% 即 240 万元,办好委托加工手续之日起 7 日内乙方付清 20% 余款即 60 万元。甲方给乙方开具该规格产品开发费用发票。乙方付清全部转让款之日为转让完成之日;⑤ 自转让完成之日起所发生的本规格药品文号维护费用,由乙方自行承担。

三方还在合同中约定:自本合同生效之日起,甲方不再与第三方谈本规格产品合作、转让事宜;乙方付清 80% 转让款后,甲方承诺不生产、销售本规格产品;转让完成后,甲方即不再拥有本规格产品,乙方独家拥有本规格产品并对其生产、销售负责;对生产、销售过程中发生的问题,如因生产批件在甲方名下的原因,而致甲方承担连带责任时,给甲方造成的损失全部由乙方承担;以后乙方因生产、销售需要,必须由甲方出具有关手续时,甲方应予配合,但全部费用由乙方承担;双方应自觉遵守合同各项约定,任何一方违反合同约定条款,违约方均应足额赔偿因违约行为给守约方造成的经济损失;本合同生效之日起,双方签订的《"6·8"协议》,均自行失效,对双方不再具有约束力。

2006年12月31日,海南药监局向B公司发出《海南省食品药品监督管理局关于收回C公司药品GMP证书的通知》,认为该公司药品生产不符合《药品生产质量管理规范》的要求,决定收回其编号为琼F0011、琼G0057、琼D1303、琼D1819、琼H3894-1、琼H3894-2的药品GMP证书,并要求该公司按药品GMP标准进行认真整改,整改完成后按法定程序申请复查。2007年5月21日,国家药监局向A公司核发证书编号为国药证字H20070099《新药证书》,该证书载明的药品名称为"注射用头孢哌酮钠他唑巴坦钠"。同日,A公司获得国家药监局核发的两份《药品注册批件》,批件号分别为"2007S00839"和"2007S00840"。以上两份批件载明的药品名称均为"注射用头孢哌酮钠他唑巴坦钠",药品监测期为4年,至2011年5月20日。其中,2007S00839号批件载明的规格为"1.125克",药品批准文号为"国药准字H20070233";2007S00840号批件载明的规格为"2.25克",药品批准文号为"国药准字H20070234"。2007年8月6日,A公司向C公司、B公司发出《关于终止双方〈转让合同〉的函》,并在该函中称:"由于贵方出现重大变化,相当一段时期内不具备药政法规规定的接受委托加工基本条件,原合同已无法履行,依照有关规定,原合同应予终止。"

A公司取得上述《新药证书》及《药品注册批件》后自行进行生产,并于2007年12月开始由其全资子公司交广州市某医药科技有限公司、罗某等企业和个人代理销售。最终,法院判决《转让合同》应认定为有效合同。

【崔连宁解析】《转让合同》既涉及新药技术转让又涉及新药委托生产两个方面的内容。关于新药技术转让问题,《转让合同》约定,A公司在涉案新药获得批准后,乙方付清全部转让款之日为转让完成之日,转让完成后,该规格产品所有权归乙方;转让价款为300万元,取得生产批文之日起7日内乙方付240万元,办好委托加工手续之日起7日内乙方付60万元。《中华人民共和国药品管理法》(以下简称《药品管理法》)及其实施条例均没有具体的规定,此问题一直是由国家药监局以行政规章及规范性文件的方式来加以规范的。从本案当事人签订《转让合同》时的药品管理规定来看,法律和行政法规没有关于新药技术转让的强制性规定,虽然行政规章对于新药技术转让有具体规定,但依据《中华人民共和国民法典》第一百五十三条"违反法律、行政法规的强制性规定的民事法律行为无效。但是,该强制性规定不导致该民事法律行为无效的除外"。双方当事人在《转让合同》中所约定的新药技术转让内容违反行政规章规定的,并不属于违反法律、行政法规的强制性规定而归于合同无效的情形。因此,本案双方当事人关于新药技术转让的约定是有效的,双方均应依约履行。

关于药品委托生产问题,A公司在涉案新药获得批准后,将规格为1.125克/瓶的产品转让给B公司和C公司,但该产品的生产批文上所载的生产单位仍为甲方,由甲方委托乙方生产。《药品管理法》第三十二条规定"药品上市许可持有人可以自行生产药品,也可以委托药品生产企业生产。药品上市许可持有人自行生产药品的,应当依照本法规定取得药品生产许可证;委托生产的,应当委托符合条件的药品生产企业。药品上市许可持有人和受托生产企业应当签订委托协议和质量协议,并严格履行协议约定的义务"。《药品管理法实施条例》第十条规定,"接受委托生产药品的,受托方必须持有与其受托生产的药品相适应的药品GMP证书"。在本案双方当事人签订《转让合同》时,C公司持有与涉案新药相适应的《药品生产许可证》和药品GMP证书,因此双方当事人关于委托C公司生产涉案新药的约定不违反法律和行政法规的规定。B公司不是药品生产企业,不能接受委托生产药品,虽然《转让合同》没有区分B公司和C公司作为乙方在合同中的具体权利义务,但从B公司作为药品经营企业的资质来看,其在该合同中的地位应是销售涉案新药,而不是生产涉案新药。因此,本案双方当事人关于委托加工生产药品的约定没有违反法律和行政法规的规定,是有效的,双方亦应依约履行。

《最高人民法院关于审理技术合同纠纷案件适用法律若干问题的解释》(2020修正)第八条第一款规定"生产产品或者提供服务依法须经有关部门审批或者取得行政许可,而未经审批或者许可的,不影响当事人订立的相关技术合同的效力"。因此,B公司是否能够获得生产涉案新药的《药品生产许可证》和药品GMP证书,并不影响《转让合同》的效力。

此外,《药品管理法》第四十三条规定"从事药品生产活动,应当遵守药品生产质量管理规范,建立健全药品生产质量管理体系,保证药品生产全过程持续符合法定要求。药品生产企业的法定代表人、主要负责人对本企业的药品生产活动全面负责"。这指明生产企业不再需要进行GMP认证,但要按照法律的规定持续保持药品符合 GMP 认证的标准。

（二）延期换证是否指明证书的许可期限得到延长

——四川省成都市某制药有限公司、四川省成都市龙泉驿区市场和质量监督管理局延长证书有效期纠纷案[①]

【案件要旨】行政许可是否延续有效期,需要行政机关依法审查行政相对人是否符合延期条件后认定,未经依法审查,不能擅自认定行政许可有效期是否延续。截止案涉新药品生产许可证颁发前,有权作出药品生产许可的法定机关并未就编号为川 20100126 的药品许可证是否符合延续条件进行审查,并作出准予延期的新的许可决定,不能视为许可证延期。法律未规定(原)国家食药监总局及省食药监局具有印发文件即能延长生产许可证有效期的法定职权,(原)国家食药监总局及省食药监局发文要求延期换证,不能产生延长旧证有效期的法律效果。

【关键词】延期换证;许可期限

【案情简介】四川省成都市某制药公司(以下简称某制药公司)系药品生产企业,其编号为川 20100126 的《药品生产许可证》(以下简称 20100126 号许可证)于 2015 年 12 月 31 日到期。2015 年 11 月 13 日,四川省食品药品监督管理局(以下简称省食药监局)发布《2015 年四川省食品药品监督管理局药品生产许可证和医疗机构制剂许可证换发工作方案》,该方案第二条第(五)项规定:"对药品生产企业改建或异地搬迁的;药品生产企业正在进行 GMP 改造的,暂未通过新修订药品 GMP 的可申请延

[①] 参见四川省成都市中级人民法院(2018)川 01 行终 1085 号《民事判决书》。

期至2016年12月31日前换发药品生产许可证。"

某制药公司按照规定于2015年11月19日将申请延期换发药品生产许可证的申请及相关资料报告给四川省成都市龙泉驿区市场和质量监督管理局(以下简称龙泉驿区市监局),龙泉驿区市监局报告给四川省成都市食品药品监督管理局(以下简称市食药监局),2015年12月31日,市食药监局以成食药报〔2015〕189号文向省食药监局报告2015年药品生产许可证换证检查情况,某制药公司被列在延期换证药品生产企业名单第15项。

某制药公司通过GMP技术改造后,于2016年12月26日取得了编号为SC20160059号药品GMP证书(不含片剂),其有效期至2021年12月25日。并于2017年1月20日取得了编号为川201704的药品生产许可证(以下简称20170437号许可证),其有效期至2020年12月31日。2017年6月8日取得了编号为SC20170005号药品GMP证书(片剂),其有效期至2022年6月7日。并于2017年6月22日取得了编号为川201704药品生产许可证(片剂),其有效期至2020年12月31日。

某制药公司于2017年1月5日至18日将工艺验证试生产药品硫软膏75 600支(批号160701、160702、160703、160901)、过氧化氢溶液144 320瓶(批号160801、160802、160803)、浓过氧化氢溶液4 950千克(批号160702、160703)分别销售给多家公司。2017年5月8日,龙泉驿区市监局作出龙市监罚字〔2017〕40号《行政处罚决定书》(以下简称40号处罚决定),认定某制药公司在无药品生产许可证期间生产药品的行为违反了《药品管理法》第七条的规定,对该公司无药品生产许可证生产药品的行为,按《药品管理法》第七十二条作出行政处罚。

【崔连宁解析】20100126号许可证于2015年12月31日到

期,省食药监局发文,通知暂未通过新修订药品 GMP 的可申请延期至 2016 年 12 月 31 日前换发药品生产许可证。第一,根据省食药监局发文内容来看,该表述明确要求可申请延期换发许可证,是指延长申请期限。第二,《药品管理法》第七条第二款规定,"药品生产许可证应当标明有效期和生产范围,到期重新审查发证。"该法第五十条第一款规定,"被许可人需要延续依法取得的行政许可的有效期的,应当在该行政许可有效期届满三十日前向作出行政许可决定的行政机关提出申请"。据此,行政许可有效期到期,行政许可即失去法律效力。行政许可能否延续有效期,需要行政机关依法审查行政相对人是否符合延期条件后作出,未经依法审查,不能擅自认定行政许可有效期是否延续。第四,《中华人民共和国行政许可法》第五十条第二款规定,"行政机关应当根据被许可人的申请,在该行政许可有效期届满前作出是否准予延续的决定;逾期未作决定的,视为准予延续。"该规定对行政许可机关不履行行政许可法定职责规定了明确的法律后果。其中逾期未作决定,包括作出审批同意的决定、不同意的决定及其他同意延期申请等决定。

某制药公司向龙泉驿区市监局提交延期换证申请及相关资料后,龙泉驿区市监局报告给市食药监局,市食药监局即将某制药公司列入延期换证药品生产企业名单。后省食药监局制定的川食药监办〔2015〕371 号文即明确规定药品生产企业正在进行 GMP 改造的,暂未通过新修订药品 GMP 的可申请延期至 2016 年 12 月 31 日前换发药品生产许可证,说明针对某制药公司的申请,行政机关履行审批许可的法定职责,不能视为行政机关准予延续其许可期限。

第六章 药品经营

一、药品经营许可

药品经营包括批发和零售，我国药品经营所实施的制度为许可制。根据《药品管理法》的规定，除药品上市许可持有人从事药品批发活动无需取得经营资质外，药品经营均需取得药品经营许可证。关于药品经营许可相关的内容规定在《药品经营许可管理办法》中，其中规定：药品经营类别包括：处方药、甲类非处方药、乙类非处方药，其中处方药和甲类非处方药标识颜色为红白相间，乙类非处方药标识颜色为绿白相间。除经营乙类非处方药的药品零售企业无需具有药品经营企业许可证外，其他类药品的批发和零售均需取得药品经营许可证。

（一）药品零售企业设立须经企业所在地县级以上地方药品监督管理部门批准

——北京市某大药房有限公司与北京市朝阳区
食品药品监督局行政责任纠纷案[①]

【案件要旨】开办药品零售企业，须经企业所在地县级以上地方药品监督管理部门批准并发给药品经营许可证。

【关键词】工商；药品经营许可证；食品药品监督

---

① 参见最高人民法院(2016)京 0105 行初 200 号《民事判决书》。

【案情简介】原告依法成立于 2015 年 10 月 15 日，经营范围包括零售药品。根据相关规定，原告于 2015 年 10 月 21 日取得营业执照后即向被告申请药品经营许可证。被告于 2015 年 10 月 21 日向原告送达了《受理通知书》，受理了原告的申请。2015 年 12 月 7 日，被告向原告送达了《不予行政许可决定书》。原告认为被告作出的不予行政许可决定明显与事实不符，所适用的法律法规及规范性文件明显错误，于是诉请法院判决撤销被告作出的《不予行政许可决定书》，责令被告重新作出准予行政许可决定。

裁判结果：原告要求撤销被告作出的《不予行政许可决定书》并责令被告重新做出准予许可决定的诉讼请求没有事实根据和法律依据，法院不予支持。

【李超点评】根据药品《药品管理法》第十四条、《中华人民共和国药品管理法实施条例》第十二条及《北京市开办药品零售企业暂行规定》的相关规定，开办药品零售企业，必须经有关部门的批准且符合一定的标准要求。本案中，被告经实地测量认定原告拟注册地址与最近的药品零售企业某公司的可行进距离不足 350 米，从而认定原告的申请不符合上述规定，并作出不予许可决定。

（二）研发企业与生产企业共同申请新药上市的合作模式并不为法律所禁止

——某制药有限公司与上海某药业
有限公司合同责任纠纷案[①]

【案件要旨】研发企业与生产企业共同申请新药上市的合作模式并不为法律所禁止。某公司、某医院为取得原料药及系列药

---

① 参见最高人民法院（2017）最高法民再 130 号《民事判决书》、（2011）苏商终字第 128 号《民事判决书》。

品的上市许可,与具有生产、销售资质的某制药有限公司签订了一系列协议,共同申请药品上市许可,是合法行为。

【关键词】药品经营许可

【案情简介】1998年,某公司与某制药有限公司签订一份协议,其主要内容为某公司与某医院合作在我国率先研制4类新药左旋卡尼汀系列药品制剂,现正在申请新药证书和生产文号,准备上市。由于某公司缺少生产场地,现需找有药品生产许可证和合格证的企业进行生产,取得该新药批准生产的文号,加快新药上市。某制药有限公司具有生产新药的能力,遂双方达成协议,某公司便委托该制药有限公司生产某公司研制成功的左旋卡尼汀系列药品,该制药有限公司自愿以自己的名义配合某公司申请本品的生产文号,但本品所有的知识产权包括生产文号归某公司所有。双方还约定了其他一些事项。协议签订后,双方互相配合申请办理了相关审批手续,相关证照均由某公司持有。2009年9月22日,某制药公司致函某公司,以某公司经营范围并无药品经营资格为由暂停与某公司在左旋卡尼汀(原料药、注射液、口服液)品种方面的合作,某制药公司单方面终止合作,引发各方面违约责任,进而产生本案诉讼。本案争议焦点之一系研发企业与生产企业签署的共同申请新药上市的合作协议是否有效,本案历经一审、二审及终审程序,最终最高人民法院作出判决,确认研发企业与生产企业签署的共同申请新药上市的合作协议合法有效。

【李超点评】根据《江苏省药品监督管理条例》第十四条规定,药品生产、经营企业之间展开合作必须具备相应的资质条件。本案中,某公司、某医院为取得左旋卡尼汀原料药及系列药品的上市许可,与具有生产、销售资质的某制药有限公司签订了本案合作协议及一系列补充协议,共同申请药品上市许可。此种合作模式是在市场经济的背景下,研发企业为将新药迅速产业化并占领市场获得投资回报,与生产企业集约配置资源,共同监督控制药品生产销售管理的行为,并不为法律所禁止。

(三)违反国家药品管理法律法规,未经取得药品经营许可证,非法经营药品,均构成非法经营罪,应当依法惩处

——王某与刘某某等非法经营案①

【案件要旨】上诉人(原审被告人)王某及原审被告人刘某某、鲍某某、崔某某、李某某违反国家药品管理法律法规,未经取得药品经营许可证,非法经营药品,构成非法经营罪。

【关键词】非法经营;情节特别严重;药品经营许可证

【案情简介】2014年初,被告人王某的女友薛某在辽宁省抚顺市新抚区金汇广场14楼租赁了一间办公室用于经销国家准字号药品。2014年7月,薛某又租用了辽宁省抚顺市新抚区天朗国际2号3单元28-4号房屋,成立某健康咨询服务部,由被告人王某在此负责销售药品。被告人王某在没有药品经营许可的情况下,通过设置"400号段"全国免费电话对社会群众进行宣传并销售"灵芝益寿胶囊""除障则海甫片""龙泽熊胆胶囊""牛磺酸滴眼液""人参合剂""参南星口服液""蛤蚧大补胶囊""珍珠明目滴眼液"等国家准字号药品,并附带赠送"虫草雪莲药酒"和"百步通双蛇酒"等保健品。相关犯罪嫌疑人均于2015年9月1日被公安人员抓获。

【李超点评】根据《最高人民法院、最高人民检察院关于办理危害药品安全刑事案件适用法律若干问题的解释》第七条的规定,

---

① 参见辽宁省抚顺市中级人民法院(2017)辽04刑终1号《民事判决书》。

本案相关责任主体违反国家药品管理法律法规,在未取得药品经营许可证,非法经营药品,情节严重的,需依照刑法规定以非法经营罪定罪处罚。

二、网络药品交易

随着互联网的发展及人们生活水平提升所产生的生活便利的需求,当前网络药品交易已非常普遍。网络药品相关的服务大致包括互联网药品信息服务和互联网药品交易。药品网络销售,是指通过网络从事药品交易相关活动的行为。

互联网药品信息服务,根据《互联网药品信息服务管理办法》,分为经营性和非经营性,是指通过互联网向上网用户提供药品(含医疗器械)信息的服务活动。需要企业申请办理《互联网药品信息服务资格证书》。

(一)公司采用互联网交易的方式直接向公众销售处方药的行为违反《药品流通监督管理办法》规定

——福建省泉州市某医药公司行政处罚案

【案件要旨】药品生产、经营企业不得采用邮售、互联网交易等方式直接向公众销售处方药。

【关键词】互联网交易;处方药

【案情简介】福建省泉州市食品药品投诉举报中心接到举报电话,根据举报线索,泉州市食品药品监督管理局(以下简称"市局")对福建省泉州市某医药公司进行现场核查。检查该公司的互联网药品销售平台(某网店)时,发现该公司涉嫌存在采用互联网交易的方式直接向公众销售处方药的行为。市局依法对该公司予以立案调查。经查明,该公司于2017年11月2日—2018年2月26日间,通过某网店共售出处方药阿奇霉素软胶囊30盒,销售价格19.7—46元/盒,销售总金额842元。当事人采用互联网交易的方式直接向公众销售处方药的货值金额842元,违法所得842元。

处理结果:对于该公司的上述违法行为,依法予以责令改正,并给予以下行政处罚:① 警告;② 处货值金额的1.5倍罚款,共计1 263元。

【李超点评】根据《药品流通监督管理办法》第四十二条的规定,该公司采用互联网交易的方式直接向公众销售处方药的行为违反了药品生产、经营企业不得采用邮售、互联网交易等方式直接向公众销售处方药之规定,应受到相应的行政处罚。

(二) 销售者对于投入流通后的存在缺陷的产品,存在采取补救措施的义务

——江苏省海安市朱某某等销售假药
刑事附带民事公益诉讼案[①]

【案件要旨】销售者对于投入流通后的存在缺陷的产品,应当及时采取警示、召回等补救措施,未能及时采取补救措施的,应当承担侵权责任。

【关键词】公益诉讼;生产、销售伪劣商品罪;生产、销售、提供假药罪

【案情简介】2018年7月,江苏省海安市市民张某听信网络药品销售人员关于"医保回收药、价廉物美"的宣传,为其做过心脏搭桥手术的妻子,从网上以每盒50元的低价购得预防血栓药品"波

---

① 参见江苏省海安市人民法院(2019)苏0621刑初165号《民事判决书》。

立维"30盒。张某购买后却发现药品包装粗糙,遂送该药品至江苏省海安市市场监督管理局举报。该局鉴定该"波立维"为假药后,随即向公安机关移送这一涉嫌犯罪案件线索。

经查明,2017年2月—2018年10月,被告人朱某某明知涉案"波立维""立普妥""可定"等9种药品系他人生产的假药,仍大量购入,并组织被告人吴某某等5人通过层层发展下线的方式在全国多地销售牟利。山东省、湖北省、云南省3家连锁药企及白某某等42人参与其中,各犯罪单位及犯罪行为人均明知所销售的药品系假药,仍公开销售,造成假药在全国众多地区扩散。朱某某个人销售假药的货值金额为83.7万余元,被害人达2000余人。

裁判结果:2019年7月9日,海安市人民法院作出一审判决,认定被告人朱某某等42人及3家单位的行为构成生产、销售、提供假药罪。

【李超点评】根据《中华人民共和国侵权责任法》的相关规定,销售者对于投入流通后的存在缺陷的产品,应当及时采取警示、召回等补救措施,未能及时采取补救措施的,应当承担侵权责任。承担侵权责任的方式包括赔偿损失、赔礼道歉。

(三)违反国家药品管理法的规定,销售假药,构成销售假药罪
——林某甲、蓝某某、韦某某、林某乙
销售假药案①

【案件要旨】被告人林某甲、蓝某某、韦某某、林某乙违反《药品管理法》的规定,销售假药,其行为侵犯国家的药品管理制度和消费者的生命、健康的安全,均已构成销售假药罪。

---

① 参见广东省普宁市人民法院(2017)粤5281刑初50号《民事判决书》。

【关键词】假药;有期徒刑;并处罚金

【案情简介】2015年10月—2016年7月,被告人林某甲、蓝某某在未取得药品经营许可的情况下,合伙在广东省普宁市某村的租屋设立销售假药窝点。林某甲、蓝某某向广东省汕头市澄海区同涉案人杜某某(另案处理)购买公牛牌风湿灵、骨痛灵、痛风灵等假药,然后通过网店进行销售,网上销售金额共计656 271元。林某甲、蓝某某还销售公牛牌假药给被告人韦某某10打、林某乙14打。

裁判结果:案涉被告均构成生产、销售假药罪,根据不同的犯罪情节处以相应的刑事处罚。

【李超点评】根据《中华人民共和国刑法》第一百四十一条的规定,被告人林某甲、蓝某某、韦某某、林某乙违反《药品管理法》的规定,销售假药,其行为侵犯国家的药品管理制度和消费者的生命、健康的安全,均已构成生产、销售假药罪。其中林某甲、蓝某某属情节特别严重,应依法分别惩处。

三、药品进出口

药品进口,即将我国大陆(内地)之外的包括外国和我国香港、澳门和台湾地区生产的药品,向我国大陆(内地)注册销售的情形。药品的进口主要遵循《药品管理法》及其实施办法和海关相关法律法规。对进口药品的要求,原则上应当是在生产国家或者地区获得上市许可的药品。从药品资质来看,药品在进口前,国外企业生产的药品要求取得进口药品注册证,中国香港、澳门和台湾地区企业生产的药品要求取得医药产品注册证。

药品出口,即将境内生产的药品销售至境外。同样遵循《药品管理法》及其实施办法及海关相关法律法规。对于出口的药品除一些特殊药品的要求以及输入地要求外,无特殊的规定。对于药品出口企业资质,需办理对外贸易经营者备案登记,并取得中华人民共和国海关报关单位注册登记证书。

(一)《进口货物代理报关协议》有效
——浙江省宁波市某货运有限公司与江西省某股份有限公司进出口代理合同纠纷案①

【案件要旨】《进口货物代理报关协议》,系各方当事人的真实意思表示,内容不违反法律、行政法规的强制性规定,应确认有效,各方应恪守协议约定履行各自义务。

【关键词】合同纠纷;进出口代理

【案情简介】2014年10月8日,被告浙江省医药公司(甲方)、被告江西省某股份有限公司(乙方)、原告浙江省宁波市某货运有限公司(丙方)签订《进口货物代理报关协议》一份,约定:甲、乙、丙三方经过友好协商,就甲方的货物在宁波港进口,委托给丙方进行代理报关、报检,清关后送到乙方事宜达成以下条款:甲方将相关进口单据正本交给丙方,要求丙方报关、报检等办理各类清关手续;甲、乙双方按照三方约定及时支付有关的费用;丙方每月初应及时提供给甲方上一个月的报关台账及仓储台账,并及时配合甲乙双方核对;丙方只有在收到甲方有效的《送货通知书》后,才能按照《送货通知书》的具体地址送货,乙方收到货物后要在《送货通知书》上签字盖章并由丙方将正本寄给甲方。上述协议签订后,原告浙江省宁波市某货运有限公司陆续就被告浙江省医药公司进口的废黄铜等货物进行代理报关、报检,并根据被告浙江省医药公司的放货指令进行送货。现原告浙江省宁波市某货运有限公司以被告江西省某股份有限公司未支付包干费、运杂费为由提起诉讼。

---

① 参见浙江省杭州市下城区人民法院(2017)浙0103民初1595号《民事判决书》。

法院最终的裁判结果：一、被告江西省某股份有限公司于本判决生效之日起10日内支付原告浙江省宁波市某货运有限公司包干费、运费、洗箱费、修箱费；二、被告江西省某股份有限公司于本判决生效之日起10日内支付原告浙江省宁波市某有限公司逾期付款利息。三、驳回原告浙江省宁波市某货运有限公司的其他诉讼请求。

【李超点评】原告宁波市某货运有限公司与被告浙江省医药公司、江西省某股份有限公司签订的案涉《进口货物代理报关协议》，系各方当事人的真实意思表示，内容不违反法律、行政法规的强制性规定，应确认有效，各方应恪守协议约定履行各自义务。原告接受两被告委托办理报关、报检等各类清关手续，被告江西省某股份有限公司应按照协议约定支付除商检费及海关滞报之外的运杂费。原告自认案涉相关费用的支付主体为被告江西省某股份有限公司，故其对被告浙江省医药公司提出的诉讼请求，法院不予支持。

（二）违反国家药品进出口管理法规，未经批准销售进口药品的行为构成销售提供假药罪

——张某与黄某等人销售假药案①

【案件要旨】违反国家药品进出口管理法规，未经批准销售进口药品的行为构成生产、销售、提供假药罪

【关键词】假药；自首；免予刑事处罚；如实供述；没收

【案情简介】被告人张某某、黄某某分别在广东省惠州市惠阳区某有限公司旗下某超市担任负责人、店长。2013年5月开始，该超市未经批准而擅自销售香港地区生产的药品某肚痛健胃整肠

---

① 参见广东省惠州市惠阳区人民法院(2014)惠阳法刑二初字第14号《民事判决书》。

丸、某正露丸、某七厘散等进口药品。同年9月25日,公安机关会同惠阳区药监局在该超市检查时,当场查获上述进口药品。

【李超点评】根据《中华人民共和国刑法》第一百四十一条的规定,被告人张某某、黄某某违反国家药品进出口管理法规,未经批准销售进口药品,其行为均已构成生产、销售、提供假药罪。被告人张某某、黄某某归案后如实供述自己的犯罪行为,当庭认罪,依法均可以从轻处罚。

四、医疗机构药事管理

医疗机构药事管理中涉及多方主体。首先,对于药品的供货单位,往往是药品生产企业、批发企业,必须具有药品生产许可证、药品经营许可证。其次,医院的销售行为基本可以分为两种情形:第一是仅向患者销售的药品的,无需取得药品经营许可证;第二是当医院从事药品对外销售时,需要取得药品经营许可证。根据新《药品管理法》,针对医院购进的药品本身,不得购进和使用具有不符合法律规定的合格证明和其他标识的药品。最后,当因临床需要而市场上没有该类药品供应的品种,医院需要配制制剂的,应当取得医疗机构制剂许可证。

(一)医疗机构配制制剂,应当经药品监督管理部门批准,取得医疗机构制剂许可证

——施某某与福建省石狮市药品监督管理局纠纷案[①]

【案件要旨】依法经过资格认定的药师或者其他药学技术人员调配处方,应当进行核对,对处方所列药品不得擅自更改或者代用。对有配伍禁忌或者超剂量的处方,应当拒绝调配;必要时,经

---

① 参见福建省石狮市人民法院(2014)狮执审字第147号《民事判决书》。

处方医师更正或者重新签字,方可调配。

医疗机构配制制剂,应当经所在地省、自治区、直辖市人民政府药品监督管理部门批准,取得医疗机构制剂许可证。无医疗机构制剂许可证的,不得配制制剂。医疗机构制剂许可证应当标明有效期,到期重新审查发证。

【关键词】食品;药品;医疗机构制剂许可证

【案情简介】申请人福建省石狮市食品药品监督管理局经立案调查,认定被执行人施某某未持有药品经营许可证在福建省石狮市八七路1763号某参茸行销售肚痛健胃整肠丸等药品,其外包装无标注进口药品注册证证号、医药产品注册证号证等,属《药品管理法》规定按假药论处的情形,构成了销售假药的违法行为。申请人石狮市食品药品监督管理局对被执行人施某某的违法行为于2014年1月15日向被执行人依法公告送达了狮药罚先告(2013)20号《行政处罚事先告知书》。2014年1月18日,申请人石狮市食品药品监督管理局依据《药品管理法》第七十三条、第七十四条的规定作出狮药行罚(2013)20号《行政处罚决定书》,对施某某罚款29 301元、没收违法所得200元。

裁判结果:① 准予执行石狮市食品药品监督管理局作出的狮药行罚(2013)20号《行政处罚决定书》;② 限被执行人施某某在收到本裁定之日起3日内将所欠的罚款29 301元、违法所得200元缴本院行政审判庭。被执行人施某某不履行的,法院将依法强制执行。

【李超点评】根据《药品管理法》第七十三条、第七十四条的规定,申请人石狮市食品药品监督管理局认定被执行人施某某构成生产、销售、提供假药罪,事实清楚。其作出狮药行罚(2013)20号《行政处罚决定书》,行政执法程序合法,适用法律正确。由于被执行人施某某在法定的期限内不提起行政诉讼,又不履行处罚决定书规定的缴纳罚没款义务,申请人石狮市食品药品监督管理局依法向法院申请强制执行,符合法律规定。

(二)药品监督管理部门和卫生计生主管部门依据各自职责,分别对使用环节的医疗器械质量和医疗器械使用行为进行监督管理
——付某与广东省广州市越秀区卫生和
计划生育局卫生行政管理纠纷案①

【案件要旨】食品药品监督管理部门和卫生计生主管部门依据各自职责,分别对使用环节的医疗器械质量和医疗器械使用行为进行监督管理。

【关键词】罚款;责令停产停业;拒绝履行(不履行);维持原判

【案情简介】2015年1月,付某向A市卫生局递交了投诉书等,反映其于2012年10月在某医院(以下简称某医院)做了髋关节置换……,认为腿短残疾和长期疼痛与产品的安全性有关,要求:① 查处某医院使用假冒伪劣产品医疗器械的违法责任;② 根据(原)卫生部规定给其提供包括包装标识、标签、说明书、合格证明等原始资料及该器械的合法进入证明及产品价格信息;③ 赔偿其医疗费、误工费、伙食费、营养费、伤害赔偿金、精神损失费等。2015年2月4日,广东省广州市卫生局将付某上述投诉材料转给广东省广州市越秀区卫生和计划生育局(原广东省广州市越秀区卫生局)处理,该局于同月11日收到。2015年3月4日,广东省广州市越秀区卫生和计划生育局将付某上述材料转广东省广州市越秀区食品药品监督管理局处理。2015年4月,广东省广州市越秀区食品药品监督管理局作出某食药监函〔2015〕62号复函,对付某

---

① 参见广东省广州市铁路运输中级人民法院(2016)粤71行终34号《民事判决书》。

投诉事项进行调查核实后将调查情况函复广东省广州市越秀区卫生和计划生育局。2015年4月10日,广东省广州市越秀区卫生和计划生育局作出某卫信复〔2015〕21-2号《关于付某信访事项的答复意见》,答复付某如下:"关于您要求对某医院使用假冒产品进行查处和请某医院提供医疗器械有关资料的诉求,根据职能划分,我局于2015年3月2日转交广东省广州市越秀区食品药品监督管理局调查处理,调查情况详见(某食药监函〔2015〕62号)复函;您要求某医院赔偿您医疗费等费用的诉求,建议您与某医院协商,不愿协商或协商不成,您可以选择向我局申请医疗事故争议处理;或直接向人民法院提起诉讼,以解决双方的争议。"

【李超点评】根据《医疗器械监督管理条例》第三十九条、第六十六条的规定,A市B区卫生和计划生育局对付某投诉要求查处某医院使用假冒伪劣产品医疗器械的违法责任等事项,依据上述法规规定将付某的投诉转至广东省广州市越秀区食品药品监督管理局处理,并将该局调查处理的复函(某食药监函〔2015〕62号)及其它事项的建议意见书面答复付某并无不当,原审法院判决驳回付某的诉讼请求正确,法院作出应予维持的判决并无不当。

(三)医疗器械使用单位应当妥善保存购入第三类医疗器械的原始资料,并确保信息具有可追溯性

——汤某等与某武警总医院第三医学中心医疗产品责任纠纷案[1]

【案件要旨】医疗机构承担医疗侵权损害赔偿责任需满足以下要件:医疗机构对患者的医疗行为存在过错,且其过错医疗行

---

[1] 参见北京市海淀区人民法院(2017)京0108民初32725号《民事判决书》。

为与患者的损害后果之间存在因果关系。

【关键词】医疗产品责任

【案情简介】患者汤某等人因患脑部疾病,到某武警总医院住院治疗并接受手术。经某物证鉴定中心鉴定,术中武警总医院使用未经注册、无产品合格信息的医疗器械植入患者体内,导致患者出现颅内感染、感染性休克死亡。医方在医疗过程中存在过错,导致患者死亡的严重后果,侵犯了患者的生命权,对汤某等人造成了巨大的精神伤害和物质损失。

【李超点评】根据《中华人民共和国侵权责任法》的相关规定,患者在诊疗活动中受到损害,医疗机构及其医务人员有过错的,由医疗机构承担赔偿责任。医疗机构承担医疗侵权损害赔偿责任需满足以下要件:医疗机构对患者的医疗行为存在过错,且其过错医疗行为与患者的损害后果之间存在因果关系。本案中,某物证鉴定中心具有相应的鉴定资质,所依据的鉴定材料经庭审质证后,具备真实性、合法性和关联性,故据此得出的鉴定意见可以作为本案定案的依据。根据鉴定意见可以认定,某武警总医院在对被鉴定人汤某的诊疗过程中存在一定的过错,该过错与被鉴定人最终死亡之间存在一定的因果关系。

(四) 执业医生实施诊疗过程中,违反国家相关规定及诊疗规范,严重不负责任的,构成医疗事故罪

——许某医疗事故纠纷案[1]

【案件要旨】执业医生许某在对患者罗某实施诊疗过程中,违反国家相关规定及诊疗规范,严重不负责任,造成患者罗某死亡,

---

[1] 参见四川省中江县人民法院(2020)川 0623 刑初 26 号《民事判决书》。

其行为侵犯了医疗单位的工作秩序及公民的生命健康权利,已构成医疗事故罪。

【关键词】医疗事故

【案情简介】2018年11月28日11时40分许,患者罗某因身体不适到位于四川省中江县卫生站乡村执业医生被告人许某处就医。许某诊断患者罗某为支气管哮喘、肺炎,在未对患者罗某进行过敏性测试的情况下,向患者罗某注射头孢曲松钠1支(1克)、地塞米松5毫克、利多卡因4毫克。约5分钟后,罗某出现连续咳嗽、哮喘、出大汗、气喘症状,许某即采取掐人中穴位和食指与大拇指之间的穴位对罗某进行抢救,约10分钟后罗某因抢救无效死亡。经四川基因格司法鉴定所法医病理学鉴定意见书"川基鉴〔2018〕病鉴字第70号鉴定意见",罗某的死亡原因符合过敏性休克。经四川省某司法鉴定中心《医疗纠纷司法鉴定意见书》"川基鉴〔2019〕临鉴字第1940号",许某对罗某的诊疗行为存在诊断不明确、未尽到一般注意义务、未尽到治疗义务、未尽到与其水平相符的一般注意义务、病历资料书不规范等过错,许某对罗某的过错诊疗行为系罗某死亡的主要原因,建议过错参与度为75%~85%。2019年2月18日,经四川省德阳市医学会《医疗事故鉴定书》"德医鉴字〔2019〕1号"鉴定结论:本病例为一级甲等医疗事故,医方中江县卫生站对患者罗某的死亡承担主要责任。

【李超点评】根据《中华人民共和国刑法》第三百三十五条的规定,许某作为执业医生,在对患者罗某实施诊疗过程中,严重不负责任,诊断不明确,未尽到一般注意及治疗等义务,造成患者罗某死亡,其行为侵犯了医疗单位的工作秩序及公民的生命健康权利,已构成医疗事故罪要承担相应法律责任。

第七章　中　　药

中药在《药品管理法》中与化学药和生物制品同列，根据《药品管理法》的规定，中药包括中药材、中药饮片、中成药。按照《中药品种保护条例》的规定，中国境内生产制造的中药品种，包括中成药、天然药物的提取物及其制剂和中药人工制成品等。根据《药品注册管理办法》的规定，中药的注册按照中药创新药、中药改良型新药、古代经典名方中药复方制剂、同名同方药等进行分类。

一、中药材生产经营

中药材，根据《药品管理法实施条例》第三十九条的规定，"国家鼓励培育中药材。对集中规模化栽培养殖、质量可以控制并符合国务院药品监督管理部门规定条件的中药材品种，实行批准文号管理。"因此，部分种类的中药材未实施批准文号管理。

（一）破壁灵芝孢子粉应纳入中药材管理，不适用《食品安全法》
——郑某与马某网络购物合同纠纷案[①]

【案件要旨】破壁灵芝孢子粉属于中药材，并不属于将破壁灵芝孢子粉作为原料添加到其他食品中的情形，不适用《食品安

---

① 参见上海市第一中级人民法院(2019)沪01民终322号《民事判决书》。

全法》。

【关键词】中药材;破壁灵芝孢子粉①;法律适用

【案情简介】马某系个体工商户某土特产经销部的经营者及吉林省某有限公司的法定代表人。郑某在马某开设于某网站的店铺购买"百草林长白山灵芝孢子粉纯天然散装称重100克头道粉正品包邮"100罐,共计付款6 000元。产品实物外包装上显示产品名称为"灵芝破壁孢子粉",生产日期为2017年7月29日。产品外包装上用较小的字体标注:"灵芝孢子粉是灵芝在生长成熟期,从灵芝菌褶中弹射出来的极其微小种子,种子外面被坚硬纤维素包围,人体很难充分吸收,破壁后更适合人体肠胃直接吸收。它的有效成份(分)、微量元素的含量变化不大,破壁后孢子粉的脂肪及水溶性多糖的含量分别比未破壁的明显提高,是理想的保健佳品。"郑某提出,马某销售的破壁灵芝孢子粉属于用非食品原料或者其他危害人体健康物质的食品,但其没有标注保健食品的批准文号及标志,也无普通食品的批准文号,存在安全隐患,并称马某销售的破壁灵芝孢子粉是小罐包装,明显不属于原料,而为普通食品。因此郑某认为,马某将破壁灵芝孢子粉作为普通食品销售,属于不符合安全要求的食品。遂向原审法院起诉请求马某退还郑某货款人民币6 000元、马某赔偿郑某十倍罚款,即6万元。

一审法院依照《食品安全法》和《最高人民法院关于审理食品

---

① 灵芝是一味中药,为多孔菌科真菌赤芝或紫芝的干燥子实体。具有补气安神,止咳平喘的功效。灵芝孢子是灵芝在发育后期产生释放来的种子,是灵芝的精华。灵芝孢子有两层极难被人体胃酸消化的几丁质构成的外壁,人体很难消化吸收未破壁的灵芝孢子。破壁后的灵芝孢子更适合人体肠胃直接吸收,其有效成分能最大限度地被人体利用吸收。灵芝孢子具有灵芝的全部遗传物质和保健作用,其药用价值日益受到重视,研究发现灵芝孢子具有增强机体免疫力、抑制肿瘤、保护肝损伤、辐射防护作用。——董佳莉补充

药品纠纷案件适用法律若干问题的规定》判决:①马某应于判决生效之日起10日内退还郑志军货款6000元,郑某同时归还涉案产品"百草林长白山灵芝孢子粉纯天然散装称重100克头道粉正品包邮"100罐给马某,如郑某届时无法退回,则以每罐涉案产品60元的价格折抵应退货款;②马某应于判决生效之日起10日内赔偿郑某6万元。二审法院认为马某不应向郑某承担支付价款十倍的赔偿责任,撤销原审判决的第二项。

【白文慧点评】《食品安全法》中关于十倍赔偿金的规定在第九十六条第二款:"生产不符合食品安全标准的食品或者销售明知是不符合食品安全标准的食品,消费者除要求赔偿损失外,还可以向生产者或销售者要求支付价款十倍的赔偿金。"本案一审原告郑志军主张的退一赔十的请求权基础和一审法院的判决依据是《食品安全法》,具体条款是第三十四条第一款:"用非食品原料生产的食品或者添加食品添加剂以外的化学物质和其他可能危害人体健康物质的食品,或者用回收食品作为原料生产的食品……"以及第三十八条:"生产经营的食品中不得添加药品,但是可以添加按照传统既是食品又是中药材的物质……"

然而《食品安全法》第三十四条第一款并不适用于本案。二审法院在审理后认为,根据(原)卫计委关于破壁灵芝孢子粉有关问题的复函〔2014〕390号文件得出灵芝孢子粉缺乏长期食用的历史,且已作为药物使用、破壁灵芝孢子粉不宜作为普通食品原料的结论。上海市食药监局关于印发《灵芝及其相关产品案件处理指导意见》(沪食药监稽〔2014〕999号的通知)规定,"未经炮制加工的灵芝及其相关产品应当纳入中药材管理,对于经营未经炮制加工的灵芝及其相关产品的,属于经营没有实施批准文号管理的中药材,同时无需取得药品经营许可证。"《现代汉语词典》中对"炮制"的解释是:"用中草药原料制成药物的过程,方法有烘、炮、炒、洗、漂、蒸、煮等。"因此,马某销售的产品应属于中药材,并不归属于食品的范畴。

综合上述分析,郑某的请求权基础不成立。马某的销售行为并不属于法律禁止的在食品中添加药品的情形,因其产品本身就是属于中药材的破壁灵芝孢子粉,并不属于将破壁灵芝孢子粉作为原料添加到其他食品中的情形,因此,《食品安全法》第三十八条在此亦不具有可适用性。

(二) 在不实行药品生产许可制度的产品上使用药品生产许可证标志和编号的,是否构成欺诈须综合判定

——陈某与重庆市某百货连锁经营有限
公司等产品销售者责任纠纷案①

【案件要旨】在纯冬虫夏草胶囊等不实行药品生产许可制度的产品上使用药品生产许可证标志和编号的行为可能违反地方产品质量条例,但是,认定其行为是否构成欺诈须结合《消费者权益保护法》有关欺诈的规定、相关民法原理及案件事实等因素进行综合判定。

【关键词】滋补保健类中药材;冬虫夏草②;生产许可制度

【案情简介】2014 年 3 月 17 日,陈某在被告 A 公司(被告 B 百货公司的区域公司)处购买 C 公司生产的天宝纯冬虫夏草胶囊 4 盒,共计货款 50 046 元。前述产品外包装上标注:"药品生产

---

① 参见重庆市第一中级人民法院(2019)沪 01 民终 322 号《民事判决书》。
② 冬虫夏草是一味中药,为麦角菌科植物冬虫夏草菌寄生在蝙蝠蛾科昆虫幼虫上的子座及幼虫的尸体的复合体。具有补肾益肺,止血化痰的功效。2018 年 5 月 30 日,(原)国家食品药品监督管理总局重申"冬虫夏草不属于保健品"。——董佳莉点评

许可证号：渝20100061等。"前述产品外包装另标注"产品质量合格"。并且，C公司于2010年12月22日取得重庆市食药监局颁发的药品生产许可证，编号：渝20100061；生产范围：中药饮片（含直接服用饮片）、毒性中药饮片等。陈某请求两被告退还购物款并主张三倍赔偿，认为涉案产品天宝牌纯冬虫夏草胶囊标注的药品生产许可证不是产品自身的生产许可证，属于冒用了药品生产许可证证号；涉案产品标注质量合格，但是其执行的企业标准没有依法到质量技术监督行政管理部门和有关行业主管部门备案，在没有备案的情况下自行标注质量合格，属于虚标质量合格标志，违反相关法律法规，足以误导消费者认为涉案产品是取得药品生产许可证证号且质量合格的产品，被上诉人的行为构成欺诈。A公司于本判决生效之日起10日内退还上诉人陈雪琴购物全款，B百货公司对A公司财产不足以清偿的部分承担补充清偿责任。

  认定商家是否构成欺诈，还须结合消费者权益保护法有关欺诈的规定、相关民法原理以及案件事实等因素进行综合判定。首先，涉案产品标注的药品生产许可证证号是C公司的，该证号的产品范围不包括涉案产品，但由于其本身就属于该企业合法取得的证号，因而不属冒用。其次，由于许可证号本身不显示生产范围，故不能认定陈某因信赖许可证号而将涉案产品作为中药饮片购买，进而认定欺诈。再次，根据普通消费者的认知水平，可以认定在涉案产品上标注药品生产许可证号，足以对陈某将涉案产品作为药品购买产生重大影响，而依据《药品管理法》的规定，中药材、中药饮片等均属药品，故即便不当标示使陈某产生了涉案产品系药品的认识，该认识也并非错误认识，故不存在基于对方的欺诈行为陷于错误认识的事实。最后，陈某的代理人在法庭上也陈述，陈某并没有明确的购买目的,只是觉得好就买了,因此,此种不当标注行为固然会强化消费者的购买信心,但并不是导致其产生购买意愿的主要原因。综上,不能因涉案产品标注药品生产许可证号而认定A公司构成欺诈。

【白文慧点评】本案中重庆市食药监局对重庆市食药监局沙坪坝分局出具《关于纯冬虫夏草胶囊合法性认定的答复》载明:"冬虫夏草属于滋补保健类中药材范畴……C公司销售滋补保健类中药材属于工商登记的一般经营项目,而非药品许可经营项目。"不仅如此,我们也可以从现有规定中分析出冬虫夏草的法律性质:首先,冬虫夏草是否属于"中药饮片"? 中药饮片系由中药材加工而成,但其必须按照规定方式炮制,并被收录入《中国药典》的"中药饮片"目录。冬虫夏草不符合,因此不能标注中药饮片的药品生产许可证证号。其次,冬虫夏草是否属于实施批准文号管理的"中药材"? 根据《中国药典》,冬虫夏草属于中药材。纯冬虫夏草胶囊系将冬虫夏草打成粉末并装入胶囊,应当认定为对中药材的生产、加工行为。结合《药品管理法》的规定可知,中药材属于药品,实行药品生产许可制度,但是除了实施批准文号管理的中药材,其他中药材的生产和经营并不实行药品生产许可制度。经查询"实施批准文号管理的中药材、中药饮片品种目录",冬虫夏草不属于实施批准文号管理的中药材,因此其生产和经营无需办理药品生产经营许可证。

二、中药饮片生产经营

中药饮片,根据《中国药典》规定:"饮片是指经过加工炮制的中药材,可直接用于调配或制剂。"根据《药品管理法》规定,中药饮片生产企业履行药品上市许可持有人的相关义务。对中药饮片生产、销售实行全过程管理,建立中药饮片追溯体系,保证中药饮片安全、有效、可追溯。

中药饮片的生产需《药品生产许可证》,并符合药品生产质量管理相关规定,具体针对中药饮片的法律法规散见于各药品生产管理规定中。

(一) 对中药材采购合同中关于质量条款的约定不能违反国家标准
——徐某与四川省某中药饮片股份有限公司一般行纪合同纠纷案①

【案件要旨】中药材采购合同中关于质量条款的约定应当明确具体,发生争议时,对约定的解释不应当违反《中国药典》等国家标准。

【关键词】黄柏②;价格认定;质量标准

【案情简介】2011年6月11日,徐某与四川省某中药饮片股份有限公司(以下简称某公司)签订《中药材代购协议》,约定了某公司委托徐某代购黄柏的工作内容,协议内容中包括:"质量要求:按《中国药典》和企业具体有关标准执行。价格、合作方式:某公司委托徐某代购黄柏600吨以上,力争完成1 000吨。价格见附件。"并约定:"某公司若不能按照协议规定支付货款则视为违约。若徐某所供的中药材质量达不到国家标准或某公司的具体要求,某公司有权退货。"由此,合同附件载明:"黄柏质量验收标准及价格确定:不分产地干度均控制在9成作为基准,干度每上升1%则单价上浮0.20元/千克,如低于9成则退货。"

---

① 参见最高人民法院(2014)民申字第262号《民事判决书》。
② 黄柏是一味中药,为芸香科植物黄皮树的干燥树皮,具有清热燥湿,泻火除蒸,解毒疗疮的功效。——董佳莉补充

协议签订后,某公司在 2011 年 6 月底前向徐某预付货款共计 650 万元,徐某开始收购工作。2011 年 7 月 18 日,某公司接收黄柏 210.105 吨,因双方未结算,对该批货物单价未予明确,遂对已交付的 210.105 吨黄柏的价值问题双方发生争议遂诉讼解决。徐某认为,双方在《中药材代购协议》附件中约定的水分高低对价格的影响是不正确的,《中国药典》规定:"黄柏干度在 88% 以上",因此应当是以 88% 基础之上的"9 成",即为 79.20%,因此,在计算 210.105 吨黄柏的总价款时,应按约定以加价后的单价计算委托物价款。而某公司辩称:首先,按照《中国药典》规定:"黄柏的含水量不得超过 12%(干度不低于 88%)。"因而超过 12%,即属于劣质药,依法不得流通。其次,《中药材代购协议》第六条第二款规定:"若徐某所供的中药材质量达不到国家标准或某公司具体要求,某公司有权退货。"若徐某的主张成立,其提供 79.20% 干度的黄柏则不符合《中国药典》黄柏的含水量不得超过 12% 的规定,在此情形下,某公司依前述约定可以退货。

最终,法院不予支持徐某主张的协议中"9 成"干度的黄柏为 79.20% 干度的黄柏或含水量为 20.80% 的黄柏,认为以此为由增加黄柏单价无事实和法律依据。

【白文慧点评】 中药饮片在市场上往往干度越高,价格越贵。本案中双方因未结算,之后对案涉 210.105 吨黄柏的价格如何确定产生了争议,又因该协议的质量条款约定不明确,遂法院在审理时先要确定双方在协议中约定的"9 成干度黄柏"适用什么质量标准。本案从协议中的约定看,并未写明以《中国药典》规定的黄柏含水量为标准参考值,即协议中与 9 成相对应的 10 成干度并非为《中国药典》规定的黄柏含水量为 12% 的状态,即协议中 9 成对应的 10 成干度的黄柏不是 88% 干度的黄柏。因而徐某的主张不成立,并且若按照徐某理解的 9 成干度的黄柏即干度为 79.20% 或含水量为 20.20% 的黄柏,如是这样,则会违反《中国药典》中所规定的"含水量不得超过 12%"的标准。

为何不得违反《中国药典》的规定?按照当时有效的《中华人民共和国合同法》第六十二条第一项:"质量要求不明确的,按照国家标准、行业标准履行;没有国家标准、行业标准的,按照通常标准或者符合合同目的特定标准履行。"而《中国药典》作为药品质量标准,属于药品标准中的法定标准,是药品质量的最低要求。《中华人民共和国合同法》失效后,2021 年 1 月 1 日开始实施的《中华人民共和国民法典》第五百一十一条第一款中对此规定进一步完善:"质量要求不明确的,按照强制性国家标准履行;没有强制性国家标准的,按照推荐性国家标准履行;没有推荐性国家标准的,按照行业标准履行;没有国家标准、行业标准的,按照通常标准或者符合合同目的的特定标准履行。"

(二)药品经营企业不可购进来源不明的中药饮片后贴标售卖

——李某、齐某等生产、销售假药案[1]

【案件要旨】药品经营企业购进来源不明的中药饮片后贴标,构成生产、销售假药罪。

【关键词】中药饮片;生产、销售、提供假药罪

【案情简介】李某为上海某药房有限公司(以下简称某药房公司)药品采购负责人。自 2017 年 9 月起,李某私自从非正规渠道低价购入大量来源不明的中药饮片,由仓库负责人、齐某负责管理、收发,将上述中药饮片配送至药房公司门店进行销售。

---

[1] 参见上海铁路运输法院(2018)沪 7101 刑初 350 号《刑事判决书》。

其间,李某、齐某还对部分中药饮片进行包装和贴标。

经原上海市食品药品监督管理局认定,上述从药房公司某门店查获的3包中药饮片和从仓库查获的216种中药饮片是假药。经上海市食品药品检验所对上述涉案药品中的24种中药饮片抽检,有14种性状、成分或含量等不符合《中国药典》或《上海市中药饮片炮制规范》标准的规定。2018年6月4日,上海市公安局青浦分局以李某、齐某涉嫌生产、销售假药罪移送上海铁路运输检察院审查起诉。同年9月6日,上海铁路运输检察院以李某、齐某涉嫌生产、销售假药罪向上海铁路运输法院提起公诉。

2018年11月13日,上海铁路运输法院依法作出判决,认定李某犯生产、销售假药罪,判处有期徒刑一年,并处罚金人民币2万元;齐某犯生产、销售假药罪,判处有期徒刑一年,缓刑一年,并处罚金人民币2万元,齐某在缓刑考验期内,禁止从事药品生产、销售及相关活动。判决已发生法律效力。

【白文慧点评】本案李某、齐某违反国家药品管理法律、法规,共同生产、销售假药,其行为均已构成生产、销售假药罪。《中华人民共和国刑法修正案(十一)》实施前(2021年3月1日前)原《中华人民共和国刑法》第一百四十一条规定了生产、销售假药罪,并结合2011年5月1日施行的《中华人民共和国刑法修正案(八)》的规定,只要具有主观故意生产、销售假药的行为,即构成本罪。2021年3月1日施行《中华人民共和国刑法修正案(十一)》后,该罪名被取消,新的罪名为"生产、销售、提供假药罪",并且删除了《中华人民共和国刑法》第一百四十一条:"本条所称假药,是指依照《药品管理法》的规定属于假药和按假药处理的药品、非药品。"增加了提供假药的情形:"药品使用单位的人员明知是假药而提供给他人使用的,依照前款的规定处罚"。这意味着《中华人民共和国刑法》不再根据《药品管理法》对假药的规定来认定,而是从个案中结合具体案情实质认定。因而该罪的范围在假药和犯罪主体层面均扩大了。

第八章 特殊药品

特殊药品,指国家制定法律监管制度比其他药品更加严格的药品,包括疫苗、血液制品、麻醉药品和精神药品、医疗用毒性药品、药品类易制毒化学品等。

一、疫苗

疫苗,根据2019年12月1日新实施的《中华人民共和国疫苗管理法》规定,是指为预防、控制疾病的发生、流行,用于人体免疫接种的预防性生物制品,包括免疫规划疫苗和非免疫规划疫苗。

(一)原始证据的证明效力优于传来证据
——广西壮族自治区南宁市武鸣区食品药品监督
管理局、广西壮族自治区南宁市武鸣区府城
中心卫生院不服管理行政处罚纠纷案[①]

【案件要旨】证明案件真实情况的一切事实,都是证据;一个案件当中会有多个证据,按照单个证据的来源不同,可以把证据分为原始证据和传来证据。原始证据的证明效力优于传来证据。

【关键词】疫苗;证明效力;原始证据;传来证据

---

① 广西壮族自治区南宁市西乡塘区人民法院(2018)桂0107行初315号一审《行政判决书》。

【案情简介】广西壮族自治区南宁市府城中心卫生院(以下简称府城卫生院)于2016年5月9日接受广西壮族自治区南宁市武鸣区食品药品监督管理局(以下简称武鸣区食药监局)现场检查疫苗"乙型某免疫球蛋白、重组乙型某疫苗(汉逊酵母、酿酒酵母)"情况时,就该院已经使用和库存的疫苗情况向武鸣区食药监局提供了2014年8月28日、11月18日和19日3次购进疫苗的《广西壮族自治区某医药有限公司销售出库复核清单》(以下简称《复核清单》)和对应的《广西壮族自治区某医药有限公司冷链运输记录单》(以下简称《运输记录单》)共6份证据后,又自述疫苗是通过一个名叫李某的业务员联系购入,并以尚未付款为由说明不能提供相应税务发票及汇款凭证;为此,武鸣区食药监局于2016年6月7日向南宁市食品药品监督管理局(以下简称南宁市食药监局)作出武食药监请〔2016〕18号《关于协查武鸣县府城中心卫生院购进疫苗情况的请示》,申请协查。后函复内容记载广西壮族自治区某医药有限公司(以下简称某公司)目前保存的纸质药品购销票据及公司财务往来账目,未见该公司与府城卫生院有业务往来记录。后,武鸣区食药局于2016年9月22日作出(武)食药监药罚〔2016〕21号《行政处罚决定书》。府城卫生院主要认为武鸣区食药监局认定事实不清、证据不足:① 关于本案涉案疫苗的来源问题,武鸣区食药监局未对与涉案疫苗有密切关系的某公司有过任何调查和核实,仅凭另一案件上级部门的协查复函就否认府城卫生院从某公司购进涉案疫苗,明显依据不足;② 武鸣区食药监局以府城卫生院未能提供汇款凭证和税务发票为由,否认府城卫生院从某公司处购买涉案疫苗缺乏事实和法律依据。

【刘伟点评】因缺乏相应税务发票及汇款凭证而未能形成完整证据链,但府城卫生院以尚未付款为由说明不能提供相应税务发票及汇款凭证,确实属于情理之中。南宁市食药监局作出的《关于协查武鸣县府城中心卫生院购进疫苗情况的复函》不能否认《复核清单》和对应的《运输记录单》共 6 份证据的真实性。故法院撤销被告南宁市食药监局作出的《处罚决定书》,返还原告府城卫生院已缴纳的罚没款。

(二)注射疫苗的人员应履行高度注意义务,具备资格证书
——向某、田某诉被告湖南省张家界市桑植县陈家河镇卫生院、湖南省张家界市桑植县疾病预防控制中心生命权纠纷案①

【案件要旨】注射疫苗时,相关工作人员未履行高度注意义务,不具备相关资格证书,致使患者死亡。

【关键词】疫苗;《执业医师证》

【案情简介】2016 年 12 月 15 日,原告向某、田某的孩子向某某出生,2017 年 2 月 15 日上午 10 点左右,原告田某与向某某的奶奶带着两月龄的向某某到被告湖南省张家界市桑植县陈家河镇卫生院(以下简称陈家河镇卫生院)接种首剂脊髓灰质炎疫苗,陈家河镇卫生院给其接种了脊髓灰质炎减毒活疫苗(OPV),接种方式为口服、滴剂。接种回到家中后,向某某沉睡,直到当天下午两点多左右睡醒,此时田某发现孩子与平常不一样:不停地哭闹、声音嘶哑、伴有发烧症状。田某随即拨打村医张某电话询问,村医张某因不了解具体情况,无法判断,便联系了陈家河镇卫生院的医生伍某,将伍某的电话号码告诉了田某,田某在电话中告诉伍某情况后,伍某告诉田某自己不是分管预防接种工作的,要向具体负责

---

① 湖南省张家界市桑植县人民法院(2017)湘 0822 民初 541 号《一审民事判决书》。

预防接种的医生周某反映,并告之周某的电话号码,陈家河镇卫生院接种医生周某在电话中回复称,这是接种后的正常反应,让家长继续观察,如症状加剧或其他情况则来医院就诊。后周某没有进行电话回访,也没向相关部门报告。此后,向某某在家长陪伴下,时哭时睡,伴有声音嘶哑、发烧症状,吃奶减少、吐过一次奶。第二天凌晨1点左右,田某在给孩子换尿不湿时,发现孩子呼吸急促、不哭闹、不吃奶、眼睛紧闭,感觉不对劲,田某随即拨打急救电话,当急救医生赶到时,向某某已无任何生命体征,现场判断已死亡。

为查明死因,相关人员对受害人遗体进行了法医病理学尸体解剖,并于2017年4月17日出具鉴定意见:受害人向某某符合胸腺淋巴体质猝死特点,同时认为胸腺淋巴体质多见于婴幼儿及年轻人,具有该体质的患者,身体瘦小、体质羸弱、机体抵抗力显著下降、应激能力差,偶可由于激动、轻微疾病、小手术、疫苗接种等原因诱发猝死。另查明,本案被告陈家河镇卫生院接种医生周某,未持有《执业医师证》,未取得执业医师资格或者执业助理医师资格,仅有工作单位为马合口卫生院的《湖南省预防接种人员上岗证》,由湖南省张家界市桑植县卫生行政主管部门盖章。

【刘伟点评】 结合《中华人民共和国侵权责任法》(《中华人民共和国民法典》施行以后被废止)、《疫苗流通和预防接种管理条例》《最高人民法院关于审理人身损害赔偿案件适用法律若干问题的解释》等相关规定及事实分析:① 关于被告陈家河镇卫生院的预防接种行为与受害人死亡的事实上存在因果关系。从起因、疫苗选择上看,被告陈家河镇卫生院对受害人实施的预防接种行为与受害人的死亡具有事实上的高度可能性;② 关于两被告的预防接种行为与受害人死亡的法律上因果关系。依照《疫苗流通和预防接种管理条例》及相关配套接种规范文件,受害人系2月龄0次接种脊髓灰质炎疫苗目标人群,首剂只能接种注射剂IPV疫苗,被告违反接种规范接种了滴剂口服OPV疫苗;被告陈家河镇卫生院在实施接种前,应当向受种者或者监护人询问受种者的健康状况以及是否有接种禁忌等情况,并如实记录,被告陈家河镇卫生院未提交相关证据,视为未履行法规所规定的义务;被告接种人员应当具有经过县级人民政府卫生主管部门组织的预防接种专业培训并考核合格的执业医师、执业助理医师、护士或者乡村医生,被告接种人员没有上述资格而从事本案受害人疫苗接种。综上,在上述高度可能的事实因果关系中,被告的疫苗接种行为又违反相关行政法规、规章、接种规范,在本案中具有法律因果联系,依法应当承担责任。

(三)国家机关工作人员不认真履行职责造成严重后果的,构成玩忽职守罪
——杨某、宋某玩忽职守案[①]

【案件要旨】国家机关工作人员不认真履行职责,致使"非法疫苗"大量流入社会,构成玩忽职守罪。

【关键词】玩忽职守罪;疫苗

【案情简介】2013—2015年,被告人杨某、宋某、史某在河南省新乡市新乡县食品药品监督管理局药品化妆品监管股工作期间,负责全县药品生产、流通安全监管工作,被告人在对辖区内河南省某医药有限公司的药品经营活动监督检查过程中,玩忽职守,不认真履行监管职责,未发现该公司存在违规销售、运输疫苗的问题,

---

① 河南省新乡市新乡县人民法院(2016)豫0721刑初164号《刑事判决书》。

致使"非法疫苗"大量流入社会,引起群众恐慌,造成恶劣的社会影响。公诉机关指控,应当以玩忽职守罪追究其刑事责任。

【刘伟点评】《药品经营质量管理规范》第六十七条及《关于规范药品购销活动中票据管理有关问题的通知》(国食药监安〔2009〕283)的相关规定,被告人杨某、宋某、史某身为国家机关工作人员,严重不负责任,不认真履行职责,未根据上述规定履行尽责监督义务,致使国家和人民利益遭受重大损失,其行为均已构成玩忽职守罪。公诉机关指控三位被告人犯罪罪名成立,事情清楚、证据充分,故法院予以支持。

二、血液制品

血液制品,指人体血浆蛋白制品。其具体的管理适用于国务院出台的《血液制品管理条例》,血液制品与疫苗一样是生物制品,适用产品生产批签发的规定,产品放行需取得《生物制品批签发证明》。

(一) 只有卫生行政部门依法定职权批准的血站,才能从事采集、提供临床用血

——上海市某干细胞工程有限公司与
上海市卫生局行政强制决定案[①]

【案件要旨】根据《中华人民共和国献血法》第八条的规定,血站是国家法定的专门从事采集、提供临床用血的机构,设立血站向公民采集血液,必须经国务院卫生行政部门或者省、自治区、直辖市人民政府卫生行政部门批准。

《中华人民共和国献血法》第十八条规定,县级以上政府的

---

① 参见上海市第二中级人民法院(2004)沪二中行终字第256号《民事判决书》。

卫生行政部门,有权处理非法采集血液的行为。这说明,除卫生行政部门依法定职权批准的血站外,任何单位和机构从事采集、提供临床用血的,都是法律所禁止的,卫生行政部门都有权依法予以查处,故本案中卫生局依法具有作出行政强制决定的主体资格。

【关键词】行政管理范围;卫生行政管理

【案情简介】上海市卫生局(以下简称卫生局)于2004年1月16日作出第381号卫生行政强制决定,认定上海市某干细胞工程有限公司(以下简称某公司)实施了未经许可擅自采集血液的行为,违反了(原)卫生部《血站管理办法》第二十一条的规定。并对某公司作出取缔、没收ysd－35－125液氮生物容器3只、ysd－35－200液氮生物容器1只的卫生行政强制决定。某公司不服,向上海市黄浦区人民法院提起行政诉讼。

最终法院的裁判结果为:① 确认上海市卫生局2004年1月16日第381号卫生行政强制决定中对某公司非法采集血液行为予以取缔的具体行政行为合法;② 确认上海市卫生局2004年1月16日第381号卫生行政强制决定中没收某公司ysd－35－125液氮生物容器3只、ysd－35－200液氮生物容器1只的具体行政强制行为无效。

【李超点评】根据《血液制品管理条例》第二十一条的规定,未取得采供血许可的单位和个人,不得开展采供血业务。献血法第八条及管理办法第二十一条的规定,我国目前对血液的采集实行许可证管理制度。《中华人民共和国献血法》第十八条规定,县级以上政府的卫生行政部门,有权处理非法采集血液的行为。这说明,除卫生行政部门依法定职权批准的血站外,任何单位和机构从事采集、提供临床用血的,都是法律所禁止的,卫生行政部门都有权依法予以查处,故本案中卫生局依法具有作出行政强制决定的主体资格。

(二)患者在诊疗活动中受到损害,医疗机构及其医务人员有过错的,由医疗机构承担赔偿责任
——邢某某等与新疆医科大学附属肿瘤医院医疗损害责任纠纷案①

【案件要旨】医疗机构及其医务人员治疗方案不当且手术操作失误,使用了不合格血液制品,造成患者在诊疗活动中受到损害,由医疗机构承担赔偿责任。

【关键词】血液制品;医疗损害赔偿责任

【案情简介】2014年2月7日,患者孙某某因腹胀伴恶心呕吐前往被告处就诊,被诊断为"胃恶性肿瘤",遂住院治疗。2014年2月26日,患者在全麻状态下行胃窦癌根治术,术后患者间断发热。2014年3月24日,患者出现呕血不适,诊断为肺部感染,上消化道出血等,于2014年7月1日经抢救无效死亡。原告认为,患者孙某某入院时只是诊断为胃恶性肿瘤,经过被告完成根治性远端胃大部切除术,即可解除、减轻患者疾苦,但因被告治疗方案不当且手术操作失误,使用了不合格血液制品(致使患者孙某某感染丙型肝炎)等诊疗行为给患者孙某某身体造成了更大的损害,加重、恶化其病情,导致最后死亡。被告的诊疗行为存在过错,应当承担相应的责任。

被告新疆医科大学附属肿瘤医院辩称,医院严格按照标准进

---

① 参见新疆维吾尔自治区乌鲁木齐市新市区人民法院(2019)新0104民初11511号《民事判决书》。

行手术,术前准备及操作符合临床规范,患者术后多脏器功能衰竭死亡是其自身疾病发生、发展以及并发症所致,与患者输血感染丙型肝炎无关,医院方在诊疗过程中无医疗过错,与患者死亡不存在因果关系。患者最终死亡的根本原因是心衰、呼衰,并非因输血感染丙型肝炎导致肝脏功能衰竭所致,且患者出现丙型肝炎后医院方也及时对其进行了治疗。医院方认为自身诊疗操作规范,在通知、诊疗中已尽到高度注意义务,无任何过错和不当,请法院驳回原告诉讼请求。

【李超点评】根据《中华人民共和国侵权责任法》第五十四条规定:"患者在诊疗活动中受到损害,医疗机构及其医务人员有过错的,由医疗机构承担赔偿责任。"本案的争议焦点是被告新疆医科大学附属肿瘤医院的诊疗行为与患者孙某某的死亡后果之间是否存在因果关系,以及被告新疆医科大学附属肿瘤医院在诊疗活动中是否存在过错。在医疗损害责任纠纷案件中,除《中华人民共和国侵权责任法》第五十八条规定的推定医疗机构有过错的三种情形外,均适用一般过错责任原则,即原告在本案中应提供充分、有效的证据证明医疗机构及其医务人员在诊疗活动中存在过错。但根据原告提供的现有证据不足以证明被告在针对患者孙某某进行的诊疗活动中存在过错。

(三) 非法组织他人出卖血液的行为构成非法组织卖血罪

——苏某某非法组织卖血案[①]

【案件要旨】非法组织他人出卖血液,行为构成非法组织卖血罪,依法应当处五年以下有期徒刑,并处罚金。

---

① 江苏省苏州市姑苏区人民法院(2020)苏 0508 刑初 308 号《民事判决书》。

【关键词】危害公共卫生罪；非法组织卖血罪

【案情简介】2015年7月—2016年4月，邢某某、姜某、沈某、冯某等人结伙组成"血头"，经预谋后共同非法组织献血者到江苏省苏州市中心血站以"互助献血"的方式向病人出售血小板等血液制品，并以1个治疗单位血小板向病人家属收取500—800元，从中扣除支付给献血者的100—150元和"带队"人员费用后，获取非法利益。被告人苏某某等人负责"带队"，通过QQ、微信等方式散发广告，为邢某某等人招募献血者，并具体经办献血者到江苏省苏州市中心血站"互助献血"等事宜。献血者献血后，被告人苏某某从邢某某处获得介绍费100元每人次，并从献血者手中收回血站补助的价值50—150元的购物卡。

公诉机关认为，被告人苏某某伙同他人非法组织他人出卖血液，其行为触犯了《中华人民共和国刑法》第三百三十三条第一款的规定，应当以非法组织卖血罪追究其刑事责任。被告人苏某某犯非法组织卖血罪，判处有期徒刑六个月，缓刑一年，并处罚金人民币2 000元；被告人苏某某非法所得人民币550元予以没收，并上缴国库。

【李超点评】根据《中华人民共和国刑法》第三百三十三条的规定，被告人苏某某非法组织他人出卖血液，其行为已构成非法组织卖血罪，依法当处5年以下有期徒刑，并处罚金，公诉机关的指控成立。被告人苏某某在共同犯罪中起次要作用，系从犯，应当从轻或者减轻处罚。被告人苏某某自动投案并如实供述自己的主要犯罪事实，系自首，可以从轻或减轻处罚。被告人苏某某承认指控的犯罪事实，愿意接受处罚，可从宽处理。鉴于本案的犯罪情节以及被告人苏某某的认罪、悔罪表现，可以对其从轻处罚，并适用缓刑。

三、麻醉药品与精神药品

麻醉药品是指连续使用后容易产生生理依赖性，能成瘾癖的药品。精神药品是指直接作用于中枢神经系统，使之兴奋或抑制，连续使用能产生依赖性的药品。

（一）违规贩卖止咳糖浆也可构成贩卖毒品罪
——徐某某、颜某某贩卖毒品案[①]

【案件要旨】常见药品复方磷酸可待因糖浆系国家规定管制的能使人形成瘾癖的精神药品，从该药品中很容易提炼出高浓度的可待因，需凭医生的处方才能购买，且每次只能少量购买。有资质使用麻醉药品和精神药品的人向贩卖毒品的犯罪分子提供麻醉药品，或者出于牟利目的，向吸毒的人出售麻醉药品的，以贩卖毒品罪论处。

【关键词】违规贩卖；国家管制麻醉药品

【案情简介】2016年5月—2017年4月，被告人徐某某以其所在的浙江省衢州市开化县杨林镇川南新村卫生室名义从某医药有限公司批量购进复方磷酸可待因糖浆（60毫升/瓶，每瓶含可待因0.12克）共1 200瓶。徐某某明知该药品系国家规定管制的能够使人形成瘾癖的精神药品，违规出售后可能流入毒品市场，为谋取利益将其中至少900瓶复方磷酸可待因糖浆（含可待因共108克）分多次贩卖给毛某，共获利1.35万元。

2016年5月—2017年4月，被告人颜某某以其所在的浙江省衢州市开化县杨林镇平川村卫生室名义从某医药有限公司批量购进复方磷酸可待因糖浆（60毫升/瓶，每瓶含可待因0.12克）共1 100瓶。颜某某明知该药品系国家规定管制的能够使人形成瘾癖的精

[①] 参见浙江省衢州市开化县人民法院（2020）浙0824刑初65号《刑事判决书》。

神药品,违规出售后可能流入毒品市场,为谋取利益将该1 100瓶复方磷酸可待因糖浆(含可待因共132克)分多次贩卖给毛某,共获利1.76万元。法院判决被告人徐某某、颜某某构成贩卖毒品罪。

【朱琪点评】本案被浙江法院收录为2020年毒品犯罪十大典型案例,是一起医生违规出售国家管制的麻醉药品构成贩卖毒品罪的案件。被告人系知法犯法,被告人均具有营业执照和职业资格证,具有开具二类麻醉药品的资格,明知该类药品因含有国家管制的麻醉药物,不能私自贩卖,还以卫生室名义购入止咳糖浆后分多次转卖给他人,虽综合考虑被告人犯罪情节、悔罪表现和社会危害性,最终认为被告人适用缓刑,但该类案件起刑点高,犯罪主体较特殊,因该类药品属于治疗咳嗽的常见药品,流向并不清晰,本案应属贩卖毒品的犯罪分子被侦查机关抓获到案后供述其毒品来源,侦查机关再前往抓捕到案的情况。

(二)未列麻醉药品、已列危险化学品的物质需合法持证经营

——殷某某非法经营案[①]

【案件要旨】以一氧化二氮(俗称"笑气")为代表的暂未列入麻醉药品或精神药品管制目录的精神活性物质,被列入危险化学品名录时,单位或个人购买、储存、使用等需获得危险化学品经营许可证。违反国家规定,在未取得危险化学品经营许可证的情况下,非法经营一氧化二氮,扰乱市场秩序,情节严重的,行为构成非法经营罪。

【关键词】一氧化二氮;非法经营罪

【案情简介】2017年5月—2017年10月,被告人殷某某在未取得

---

① 参见浙江省丽水市中级人民法院(2018)浙11刑终109号《刑事判决书》、浙江省云和县人民法院(2017)浙1125刑初135号《刑事判决书》。

《危险化学品经营许可证》的情况下,在其租住的浙江省丽水市青田县瓯南街道某室,以转售谋利为目的,通过微信向张某、黄某等人的上家购买危险化学品一氧化二氮共计 1.3 万余盒(10 支/盒)。购入一氧化二氮后,殷某某将其存放于租住房内,并通过另一个微信号在其朋友圈发送广告进行宣传推销,利用该微信号和淘宝店铺联系买家、收取货款,通过快递将一氧化二氮寄送至全国各地买家(其中一名买家为林某,浙江省丽水市云和县人,未满十八周岁,另案处理)手中。

【朱琪点评】专营、专卖物品主要由各行政法规规范,特许经营物品属于专营专卖物品,一氧化二氮属于危险化学品,国家对危险化学品实行许可制度。一氧化二氮这类属于未列入麻醉药品或精神药品管制目录的精神活性物质,于 2015 年列入《危险化学品目录》,并被认为可作为食品添加剂使用,但本案中被告人在微信上通过视频宣传,教买家吸食一氧化二氮,明显不是仅将一氧化二氮作为食品添加剂使用。直至现在,互联网贩卖一氧化二氮的行为日益猖獗,仍有大量因一氧化二氮而定罪量刑的犯罪分子,在相关法律法规进一步完善之前,对于未经许可的销售行为,可按非法经营罪追究相关人员的刑事责任,对于快递企业和员工的"明知"行为,可以构成非法经营罪的共犯。

(三)麻醉药品不得作广告
——北京市某医院有限公司与北京市工商行政
管理局海淀分局处罚及复议决定上诉案[①]

【案件要旨】《中华人民共和国广告法》(以下简称《广告法》)规定,麻醉药品、精神药品、医疗用毒性药品、放射性药品等特殊药

---

① 参见北京市第一中级人民法院(2017)京 01 行终 595 号《行政判决书》、北京市海淀区人民法院(2017)京 0108 行初 78 号《行政判决书》。

品,药品类易制毒化学品,以及戒毒治疗的药品、医疗器械和治疗方法,不得作广告;医疗、药品、医疗器械广告不得说明治愈率或者有效率;商品或者服务不存在的,为虚假广告。

【关键词】虚假广告;处方药

【案情简介】2015年10月9日,北京市工商行政管理局海淀分局(以下简称海淀分局)在检查中发现,北京市某医院有限公司(以下简称某公司)在其公司网站上对外发布有"国家医保定点单位、中央机关老干部定点医疗机构"等内容的医疗广告,在其经营场所摆放印有"中央机关老干部医疗定点单位国家医保定点单位"等内容的宣传彩页,涉嫌违反《广告法》的相关规定,于同年10月13日对其立案调查。

2016年2月25日,海淀分局发现某医院在其网站对外宣传有"中央机关老干部定点医疗单位、某医院独创中药戒毒法,戒毒成功率98%,采用纯中药戒毒,具有抗焦虑、断瘾快、抗复吸等特点,独特中药科学配方,打通人体脉络"等涉嫌违法广告的内容。经该局机关负责人批准,与前述案件合并处理。海淀分局经调查发现,某医院未与中央机关老干部部门或国家主管部门达成书面协议,也未经国家相关职能部门的审批,仅取得了《北京市基本医疗保险定点医疗机构资格证书》。同年6月17日,海淀分局向某医院送达了《行政处罚听证告知书》,某医院未要求听证。7月1日,海淀分局作出京工商海处字〔2016〕第1084号《行政处罚决定书》(以下简称《决定书》),认定某医院的行为违反了《广告法》以及《北京市工商行政管理局行政处罚裁量基准》(以下简称《裁量基准》)的相关规定,责令某医院停止发布违法广告,在相应的范围内消除影响并处罚款52.72万元。

某医院于2016年7月4日收到被诉处罚决定后,于同年8月26日向北京市工商行政管理局(以下简称市工商局)申请行政复议,市工商局履行了受理、调查、延期、审批等程序,于 11 月 24 日作出京工商复〔2016〕283 号《行政复议决定书》,维持了被诉处罚决定,并送达给某医院。某医院亦不服,遂向一审法院提起诉讼。法院裁判驳回某医院的全部诉讼请求。

【朱琪点评】《广告法》第十五条第一款明确规定麻醉药品和精神药品不得作广告。违反《广告法》第十五条发布广告的,由工商行政管理部门责令停止发布广告,对广告主处 20 万元以上 100 万元以下的罚款,情节严重的,并可以吊销营业执照,由广告审查机关撤销广告审查批准文件、一年内不受理其广告审查申请。在药店、医院或医药企业销售过程中存在大量不经合规审核而发布的"广告",展示形式可能是自制海报、网站宣传词等,极易触犯此类高压线,特摘录此案例以作警示。同时,国家市场监督管理总局为配套《中华人民共和国民法典》的施行,已通过《药品、医疗器械、保健食品、特殊医学用途配方食品广告审查管理暂行办法》,其中第二十一条规定,麻醉药品、精神药品等不得发布广告,第二十二条第二款规定,不得使用与处方药名称或者特定全营养配方食品名称相同的商标、企业字号在医学、药学专业刊物以外的媒介变相发布广告。

四、医疗用毒性药品与药品类易制毒化学品

(一) 不具备医疗用毒性药品销售资质是否会导致销售代理合同无效

——湖北省某药业有限公司与安徽省某中药饮片有限公司确认合同无效纠纷案①

【案件要旨】 根据我国《医疗用毒性药品管理办法》的相关规定,

---

① 参见安徽省亳州市谯城区人民法院(2019)皖 1602 民初 982 号《民事判决书》。

蟾酥粉属于医疗用毒性药品。因湖北省某药业有限公司不具备销售"医疗用毒性药品"的资质,所以双方签订的《安徽省某中药饮片全国代理协议》违反了法律、行政法规的强制性规定,属无效合同。

【关键词】毒、麻、精、放、易制毒等特殊药品;销售资质;无效合同

【案情简介】原被告于2018年3月22日签订《安徽省某中药饮片全国代理协议》,双方约定,乙方(即原告)代理甲方(即被告)在中华人民共和国境内所有行政区域市场销售甲方生产的蟾酥粉①等中药材。原告称,合同签订之初,原告仅知"蟾酥粉"为普通中药,未知"蟾酥粉"为毒、麻、精、放、易制毒类特殊药品,且在原告向被告提交药品销售许可资质审核时,被告在明知原告不具备毒、麻、精、放、易制毒类特殊药品销售资质而未予提示。原告与被告签订《安徽省某中药饮片全国代理协议》后支付保证金30万元,又向被告支付了55万元货款。经庭审查明,被告已于2018年11月份将55万元货款退还给原告,原告所缴纳30万元保证金,被告已经分批退还182 135元。

依照《中华人民共和国药品管理办法》等相关法律规定:① 原告湖北省某药业有限公司与被告安徽省某中药饮片有限公司于2018年3月22日签订的《安徽省某中药饮片全国代理协议》无效;② 被告安徽省某中药饮片有限公司欠原告湖北省某药业有限公司保证金117 865元,于本判决生效之日起十日内还清;③ 驳回原告湖北省某药业有限公司的其他诉讼请求。

【崔连宁解析】《民法典》第一百五十三条规定,"违反法律、行政法规的强制性规定的民事法律行为无效。但是,该强制性规定

---

① 蟾酥粉是一味攻毒杀虫止痒药的中药。蟾酥为蟾蜍科动物中华大蟾蜍或黑眶蟾蜍的耳后腺和皮肤腺体的干燥分泌物。味甘、辛,性温,有毒。国家明确禁止其出境。将蟾酥捣碎,加白酒浸渍,搅动至呈稠膏状,干燥,粉碎即为蟾酥粉。——董佳莉补充

不导致该民事法律行为无效的除外"。《药品管理法》第五十一条规定，"从事药品批发活动，应当经所在地省、自治区、直辖市人民政府药品监督管理部门批准，取得药品经营许可证。从事药品零售活动，应当经所在地县级以上地方人民政府药品监督管理部门批准，取得药品经营许可证。无药品经营许可证的，不得经营。药品经营许可证应当标明有效期和经营范围，到期重新审查发证"。同时本案件中合同签订之初，原告仅知"蟾酥粉"为普通中药，未知"蟾酥粉"为毒、麻、精、放、易制毒类特殊药品，且在原告向被告提交药品销售许可资质审核时，被告在明知原告不具备毒、麻、精、放、易制毒类特殊药品销售资质而未予提示。可以说明原告不具备销售"医疗用毒性药品"的资质，所以原告、被告签订的《安徽省某中药饮片全国代理协议》违反了法律、行政法规的强制性规定，属无效合同。无效合同自始无效、确定无效、当然无效，根据《民法典》第一百五十七条，"民事法律行为无效、被撤销或者确定不发生效力后，行为人因该行为取得的财产，应当予以返还；不能返还或者没有必要返还的，应当折价补偿。有过错的一方应当赔偿对方由此所受到的损失；各方都有过错的，应当各自承担相应的责任。法律另有规定的，依照其规定"。故原、被告签订合同时，原告向被告缴纳30万元保证金，因合同无效，该保证金被告应退还给原告。扣除被告已退还原告的182 135元，被告还应退还原告117 865元。

（二）处方药发布广告是否应当受到行政处罚

——河北省某大药房连锁有限公司与河北省石家庄市工商行政管理局行政处罚纠纷案[①]

【案件要旨】河北省某大药房连锁有限公司的微信公众号在

---

① 参见河北省石家庄市中级人民法院(2018)冀01行终539号《民事判决书》。

宣传有关医药知识的同时,配有其所经营的含有处方药生产者名称及药品名称等图片信息,具有为其所经营的处方药"安宫牛黄丸"①进行广告推介的性质。属发布违法广告行为,应当受到行政处罚。

【关键词】处方药;广告发布;行政处罚

【案情简介】河北省石家庄市工商行政管理局(以下简称市工商局)在互联网上巡查时发现微信公众号账号"河北省某大药房连锁有限公司"于2016年10月15日发转标题"距服用安宫牛黄丸的最佳节气霜降还有8天";2017年2月3日,发转标题"安宫何时服";2017年2月18日,发转标题"安宫牛黄丸主治和服用及惊蛰将至,记得为父母备安宫牛黄丸";2017年3月2日,发转标题"惊蛰将至,记得为父母备安宫牛黄丸"以及处方药安宫牛黄丸的信息。2017年12月18日,市工商局经批准立案调查。市工商局分别于2017年12月20日、2018年1月26日,就微信公众号账号"河北省某大药房连锁有限公司"主体及发转相关处方药安宫牛黄丸的信息情况,向该公司政府事务主管王某某进行调查询问,并制作询问(调查)笔录。根据该公司的申请,2018年4月3日,市工商局举行听证会。市工商局经过案件审理委员会研究,认为微信公众号是公民、法人和其他组织现代信息交流的重要自媒体平台,任何人通过关注均可进入,具有社会开放性,属大众媒介的范畴。该微信公众号在宣传有关医药知识的同时配有其所经营的含有处方药生产者名称及药品名称等图片信息,具有为其所经营的处方药南京同仁堂生产的安宫牛黄丸进行广告推介的性质。原告利用

---

① 安宫牛黄丸:中成药,处方药,具有清热解毒、镇惊开窍的作用。用于热病,邪入心包,高热惊厥,神昏谵语;中风昏迷及脑炎、脑膜炎、中毒性脑病、脑出血、败血症等上述证候者。——董佳莉补充

其微信公众号发布有关处方药安宫牛黄丸的广告行为违反了《中华人民共和国广告法》(以下简称《广告法》)第十五条第二款:"前款规定以外的处方药,只能在国务院卫生行政部门和国务院药品监督管理部门共同指定的医学、药学专业刊物上作广告"的规定,属发布违法广告行为。依据《广告法》第五十七条"有下列行为之一的,由工商行政管理部门责令停止发布广告,对广告主处二十万元以上一百万元以下的罚款,情节严重的,并可以吊销营业执照,由广告审查机关撤销广告审查批准文件、一年内不受理其广告审查申请;对广告经营者、广告发布者,由工商行政管理部门没收广告费用,处二十万元以上一百万元以下的罚款,情节严重的,并可以吊销营业执照、吊销广告发布登记证件;违反本法第十五条规定发布处方药广告、药品类易制毒化学品广告、戒毒治疗的医疗器械和治疗方法广告的"的规定,应予以处二十万元以上一百万元以下的罚款。鉴于原告能够积极配合调查,同时及时删除微信公众号发布的相关违法广告,结合《石家庄市工商行政管理局行政处罚自由裁量权实施办法》第十二条的规定,作出石市工商处字〔2017〕05044号《行政处罚决定书》,责令停止发布有关安宫牛黄丸的广告,处以罚款人民币二十万元。并于2018年4月13日向原告送达《行政处罚决定书》。

【崔连宁点评】本案中,河北省某大药房连锁有限公司分别于2016年10月15日、2017年2月3日、2017年2月18日,2017年3月2日在微信公众号账号对处方药——安宫牛黄丸进行广告刊登与宣传。同时,该公司主张其在微信公众号提供药品信息服务不属于广告,属于互联网药品信息服务经营活动,而且微信公众号的关注用户90%为其公司员工,未达到对社会广大群体广为告知的宣传效果,这样的抗辩理由也并未被法院认可。由此可以认定该公司针对安宫牛黄丸处方药的广告宣传确凿无疑,这样的行为也确定了违反《广告法》第十五条规定的规定,该规定认为:"麻醉药品、精神药品、医疗用毒性药品、放射性药品等特殊药品,药品类易制毒化学品,以及戒毒治疗的药品、医疗器械和治疗方法,不得作广告。前款规定以外的处方药,只能在国务院卫生行政部门和国务院药品监督管理部门共同指定的医学、药学专业刊物上作广告"。由此可以认定发布违法广告行为,应当受到行政处罚。

(三)未取得药品经营许可证非法经营药品是否已构成非法经营罪

——朱某某、吴某等六人非法经营案[①]

【案件要旨】毒性药品的收购经营,由各级医药管理部门指定的药品经营单位负责,配方用药由国营药店医疗单位负责,其他任何单位或者个人均不得从事毒性药品的收购经营和配方工作。

【关键词】毒性药品;经营许可;非法经营

【案情简介】2015—2017年,被告人朱某某未取得药品经营许可证,从申某处购买半夏制品、南星制品,交易金额合计177 265元。2016年6月25日,申某通过朱某某购买旱半夏260千克,价格为每千克96元,朱某某每千克提成1元。2017年8月7日,朱某某介绍他人从申某处购买南星制品263千克,价格为每千克42元,朱某某每千克提成2元。

在2014、2015、2017年,被告人吴某未取得药品经营许可证,从申某处购买半夏制品、水半夏制品,交易金额合计123 784元。2015—2017年,被告人马某未取得药品经营许可证,从申某

[①] 参见安徽省亳州市谯城区人民法院(2019)皖1602刑初259号《刑事判决书》。

处购买半夏制品,交易金额合计 122 075 元。

2015—2017 年,被告人李某某未取得药品经营许可证,从申某处购买半夏制品、水半夏制品,交易金额合计 113 125 元。2016—2017 年,被告人刘某某未取得药品经营许可证,从申某处购买半夏制品、水半夏制品,交易金额合计 109 130 元。2015—2017 年,被告人孙某某未取得药品经营许可证,从申某处购买半夏制品、水半夏制品,交易金额合计 125 630 元。

2017 年 1 月 22 日,《国家食品药品监督管理总局办公厅关于非药品经营单位销售中药材有关问题的复函》(食药监办稽函〔2017〕47 号)证明:① 中药材有药用、食用、兽药用等多种用途,判断中药材是否属于药品管理,关键在于界定其用途;② 作为药品管理的中药材,生产经营渠道须严格管理,相对区分隔离,中药材作为中药生产的原料,进入药用渠道,须纳入药品管理,依法加工炮制使用;③ 未纳入药用渠道的中药材,鉴于各地有不同食用传统,不宜强调其药品属性,经营者无需取得药品经营许可证;④ 作为药品销售、使用的中药材,应符合国家药品标准。对生产、销售、使用不符合国家药品标准的中药材药品的,依据《药品管理法》等法律法规的规定依法处理。

2017 年 10 月 25 日,安徽省亳州市食品药品监督管理局复函证明:① 经营医疗用毒性药品需要具备的资质:营业执照、药品经营许可证、药品经营质量管理规范认证证书、医疗用毒性药品经营批件。依据《医疗用毒性药品管理办法》第五条规定,毒性药品的收购、经营,由各级医药管理部门指定的药品经营单位负责;配方用药由国营药店、医疗单位负责。其他任何单位或者个人均不得从事毒性药品的收购、经营和配方业务,经营主体为公司;② 医疗用毒性药品天南星、半夏,依据《安徽省中药饮片炮制规范》炮制的品种分别为生天南星、制天南星、生半夏、清半夏、姜半夏、法半夏、制半夏。

2017年11月7日,安徽省亳州市食品药品监督管理局关于咨询相关药品管理业务的复函证明:①《中国药典》未收载生水半夏,《安徽中药饮片炮制规范》中收载的水半夏"来源于天南星科植物鞭檐犁头尖的干燥块茎";② 生半夏和水半夏有下列区别:一是来源不同,依据《中国药典》,"半夏本品为天南星科植物半夏的干燥块茎",二是外观性状不同;③ 依据《医疗用毒性药品管理办法》(国务院令第23号)规定具体毒性中药品种为:砒霜、水银、生半夏、生南星等。生半夏来源于天南星科植物半夏的干燥块茎。《中国药典》没有把半夏和水半夏归为同一种;④ 依据《中国药典》,半夏的炮制加工品有3种:姜半夏、法半夏、清半夏;⑤ 根据《医疗用毒性性药品管理办法》第三条,毒性药品年度生产收购供应和配置计划,由省、自治区、直辖市医药管理部门根据医疗需要制定,经省、直辖市、卫生行政部门审核后,有医药管理部门下达给指定的毒性药品生产、收购、供应单位,并抄报(原)卫生部、国家医药管理局、国家中医药管理局,生产单位不得擅自改变生产计划,自行销售。

2017年11月7日,《关于非法经营毒性中药材案件相关证明材料的复函》证明:① 天南星收载于《中国药典》,(生)虎掌南星和(生)天南星均收载于中药材项下,依据医疗用毒性药品管理办法,天南星属于28种毒性中药材的品种,虎掌南星收载于地方标准中,有毒,但未纳入国家28种毒性中药材品种范围;② 依据《中国药典》和《中药材炮制规范》,虎掌南星加入明矾、石灰等物质炮制属于加工炮制行为,应取得相关生产经营资质。生产资质包括:《药品生产许可证》《药品经营质量管理规范认证证书》;③ 水半夏收载于《卫生部颁药品标准(中药材第一册)》中,属于国家标准;虎掌南星收载于地方标准,均不在国家28种毒性中药材管制中。其属性判定应依据《国家食品药品监督管理总局办公厅关于非药品经营单位销售中药材有关问题的复函》(食药监办稽函〔2017〕47号),如作为药品经营,应依法取得药品经营许可证、药品经营质量管理规范认证证书、医疗用毒性经营批件。

2017年11月27日,安徽省亳州市食品药品监督管理局复函证明:① 依据《药品管理法》相关规定,加工炮制中药饮片(含毒性饮片)须取得药品生产许可证,并通过认证取得药品生产质量管理规范认证证书后方可生产销售,个人和无资质企业不得加工炮制后销售;② 已取得毒性饮片生产资质的中药饮片企业,只能购进毒性中药材自行炮制后销售,不得收购个人或无资质企业加工炮制的饮片(如水半夏制品、旱半夏制品、南星制品)。

【崔连宁点评】《中华人民共和国刑法》第二百二十五条规定,有"未经许可经营法律、行政法规规定的专营、专卖物品或者其他限制买卖的物品的"情况,存在"扰乱市场秩序,情节严重的,处五年以下有期徒刑或者拘役,并处或者单处违法所得一倍以上五倍以下罚金;情节特别严重的,处五年以上有期徒刑,并处违法所得一倍以上五倍以下罚金或者没收财产。"《最高人民检察院公安部关于公安机关管辖的刑事案件立案追诉标准的规定(二)》第七十一条规定,"个人非法经营数额在五万元以上,或者违法所得数额在一万元以上的"应予立案追诉。根据前述法律规定,结合案件事实,被告人朱某某、吴某、马某、李某某、刘某某、孙某某违反国家药品管理相关法律法规,未取得药品经营许可证,非法经营药品,情节严重,被告六人的行为均已构成非法经营罪。

(四)非法买卖药品类易制毒化学品可构成非法买卖制毒物品罪

——黄某非法买卖制毒物品案①

【案件要旨】被告人黄某违反国家规定,非法买卖药品类易制毒化学品,涉案物品数量大,其行为已构成非法买卖制毒物品罪。

【关键词】药品类易制毒化学品;非法买卖制毒物品罪

【案情简介】2010年4月,黄某某与杨某协商,由杨某出资,黄某某以每瓶11元的价格购买含麻黄碱②类复方制剂消咳宁片,每瓶黄某某可得好处费0.5元。黄某某与被告人黄某商议共同购买消咳宁事宜,约定好处平分。随后,黄某与李某取得联系,由李某购买消咳宁后售于黄某某、黄某。

2010年12月27日,李某通过姚某某介绍与申某、吴某相识后,使用申某、吴某提供的挂靠河南省南阳市某医药有限公司(以下简称南阳某公司)超过有效期限的《药品经营许可证明》、伪造的南阳某公司法人《授权委托书》等手续,通过该公司购销渠道以每瓶3.5元的价格从黑龙江省某药业有限公司(以下简称黑龙江某公司)购进含麻黄碱类复方制剂消咳宁片467件。2011年1月26日,李某使用同样手段、相同价格再次从黑龙江某公司购进含麻黄碱类复方制剂消咳宁片501件。此两批消咳宁运到南阳某公司后,申某、吴某未办理正常验货、入库、出库托运手续,即允许由李某、朱某某将两批共580 019瓶(每瓶100片),总价款2 030 066.5元的含麻黄碱类复方制剂消咳宁片提走。经测算,上述580 019

---

① 参见河南省南阳市宛城区人民法院(2015)宛刑初字第435号《刑事判决书》。
② 麻黄碱:拟肾上腺素药。能兴奋交感神经,药效较肾上腺素持久;能松弛支气管平滑肌、收缩血管;有显著的中枢兴奋作用。临床主要用于治疗习惯性支气管哮喘和预防哮喘发作;用于蛛网膜下腔麻醉或硬膜外麻醉引起的低血压及慢性低血压症;治疗各种原因引起的鼻黏膜充血、肿胀引起的鼻塞。——董佳莉点评

瓶消咳宁片中盐酸麻黄碱的最低含量为 539.417 67 千克。随后，李某通知黄某某和黄某到安徽省合肥市提货。经李某某验货后，黄某某、黄某分两次将共 18 万瓶消咳宁片从合肥市提走。黄某在此非法交易中获好处费 6 万元。

2011 年 12 月，被告人黄某与黄某某、肖某某预谋后，由黄某联系购买李某已购入尚未售出的剩余 40 万瓶左右的黑龙江某公司产含麻黄碱类复方制剂消咳宁片。李某按约定与朱某某将该将消咳宁片运至江西省吉安市吉安大道旁，验货付款后，由黄某和肖某某所派男子将该批消咳宁提走。黄某在此次非法交易中获好处费 12.3 万元。

案发后，被告人黄某退缴全部非法所得 18.3 万元。2014 年 7 月 29 日，黄某到河南省南阳市公安局高新分局投案。上述事实，被告人黄某在庭审中亦无异议，并有证人申某、吴某、李某等人的证言；常住人口基本信息、同案刑事判决书、到案经过、药品经营协议、资金往来明细、消咳宁片购销材料及扣押物品文件清单等证据证实，足以认定被告人犯罪事实。

被告人黄某犯非法买卖制毒物品罪，判处有期徒刑三年，缓刑四年，并处罚金人民币 5 万元。

【崔连宁点评】《中华人民共和国刑法》第三百五十条规定，"违反国家规定，非法运输、携带醋酸酐、乙醚、三氯甲烷或者其他用于制造毒品的原料或者配剂进出境的，或者违反国家规定，在境内非法买卖上述物品的，处三年以下有期徒刑、拘役或者管制，并处罚金；数量大的，处三年以上十年以下有期徒刑，并处罚金。"《最高人民法院关于审理毒品案件定罪量刑标准有关问题的解释》第四条规定，违反国家规定，非法运输、携带进出境或在境内非法买卖醋酸酐、乙醚、三氯甲烷或者其他用于制造毒品的原料或者配剂达到下列数量标准的,依照《刑法》第三百五十条第一款的规定定罪处罚:(一)麻黄碱、伪麻黄碱及其盐类和单方制剂五千克以上不满 50 千克;麻黄浸膏、麻黄浸膏粉 100 千克以上不满 1 000 千克;(二)醋酸酐、三氯甲烷 200 千克以上不满 2 000 千克;(三)乙醚 400 千克以上不满 3 000 千克;(四)上述原料或者配剂以外其他相当数量的用于制造毒品的原料或者配剂。违反国家规定,非法运输、携带进出境或者在境内非法买卖用于制造毒品的原料或者配剂,超过前款所列数量标准的,应当认定为《刑法》第三百五十条第一款规定的"数量大"。被告人黄某违反国家规定,非法买卖药品类易制毒化学品,数量大,其行为已构成非法买卖制毒物品罪,且系共同犯罪。

第九章 药品知识产权

一、药品商标

(一) 商品和服务类别不同不能直接认为商标不侵权
——"新华"商标侵权纠纷案[①]

【案件要旨】商品和服务类别的不同不必然导致不构成商标侵权的结论,若提供药品销售及招商的服务与药品商品本身具有紧密的联系,两者的相关公众存在较大的重合,共存于市场易造成相关公众对服务或商品的来源产生混淆,或误认为两者存在某种关联时,仍应认定为商标侵权。

【关键词】网站名称;商品来源;混淆;商标侵权;商品类别;服务类别

【案情简介】山东省某医药集团有限责任公司(以下简称某医药集团公司)经合法授权,享有第 127616 号"新华"商标的专有使用权。新华商标分别于 1997 年 12 月 31 日、2001 年 4 月 27 日被山东省工商行政管理局评为山东省著名商标。2002 年 3 月 12 日,某医药集团公司注册并使用在西药商品上的新华商标被(原)国家工商行政管理总局商标局认定为驰名商标。北京名牌资产评

[①] 参见北京市海淀区人民法院作出的(2015)海民(知)初字第 28662 号《民事判决书》、北京知识产权法院(2017)京 73 民终 2174 号《民事判决书》。

估事务所于1998年2月17日向某医药集团公司颁发证书,认定新华商标在1997年中国最有价值品牌评价中,在医药类位列第三位,品牌价值为11.62亿元。

被告芝麻开门公司经营了"新华医药网",网站通过为药厂提供网站链接或者提供产品宣传来获取广告费收益。原告认为被告将"新华医药网"作为其经营的网站名称突出使用,其中"新华"处于显著识别部分,起到了标示商品或服务来源的作用,系商标法意义上的使用。与某医药集团公司所享有专有使用权的新华商标相比,两者文字相同、呼叫相同,构成近似,侵犯了原告的商标权。一审北京市海淀区人民法院判决被告的行为构成商标侵权,二审法院驳回上诉,维持原判。

【张茜点评】本案属于典型的药品行业的"傍名牌"行为,虽然侵权商标与对比商标在《类似商品和服务区分表》中处于不同大类,但是提供药品销售及招商的服务与药品商品本身具有紧密的联系,两者的相关公众存在较大的重合。若共存于市场,易造成相关公众对服务或商品的来源产生混淆,或误认为新华医药网与某医药集团公司存在某种关联。法院作此判决,有利于规范药品生产、维护良好竞争的市场秩序,打击不正当竞争。

(二)社会危害性是赔偿金额的考量因素
——北京市某集团公司诉假冒药品
销售者商标侵权获赔纠纷案[①]

【案件要旨】假冒商标使用在急救药品上,关系到社会公众的切身利益和用药安全,社会危害性更为严重,在酌定赔偿金额中是

---

① 参见广东省广州市荔湾区人民法院(2017)粤0103民初2578号《民事判决书》、广州知识产权法院(2017)粤73民终2162号《民事判决书》。

一个重要的考量因素。

【关键词】商标侵权；酌定赔偿；假冒商标

【案情简介】经中华人民共和国国家工商行政管理总局核准，北京市某制药公司注册第171188号商标，注册日期为1983年，使用商品为第31类中药，后经核准转为商品国际分类第5类。2002年6月7日，上述商标经核准变更注册人名义为北京市某集团公司。2012年9月24日，上述商标经核准续展注册有效期为2013年3月1日—2023年2月28日。中华人民共和国国家工商行政管理局商标局于1989年认定第171188号商标属驰名商标。后原告北京市某集团公司通过商标许可合法取得涉案商标权利。

被告梁某某伙同李某某从2013年初开始销售假冒北京市某集团公司生产的安宫牛黄丸，以每粒35元的价格进货，再以每粒70—80元的价格出售。2014年，被告梁某某和李某某在交易时被广州市警方抓获，被查扣的安宫牛黄丸价值共计207万余元。北京市某集团公司以侵害商标权为由，将梁某某和李某某诉至法院，一审法院判赔额显著过低，最终二审法院改为判赔100万元。

【张茜点评】本案在侵权事实上没有异议，争议焦点问题在于一审法院判决的赔偿金额是否合理。正如法院判决所言，假冒北京市某集团公司的注册商标向社会不特定人员销售假药的行为，对国家、社会也造成严重的危害，基于安宫牛黄丸的特殊功效，甚至可能致使消费者因服用假药而危及生命，所以即使承担刑事责任，仍然需要通过对其加重民事赔偿责任的方式向社会提供明确的信号。司法必须通过加大损害赔偿力度的方式来展示裁判对社会公众行为的指引作用，司法应当对严重危害人民群众生命安全和利益的行为采取严厉的态度，通过提高损害赔偿数额来维护公平正义，司法裁判的正向引导功能不能缺席。

（三）近似商标的认定标准
——某药品公司与国家工商行政管理总局商标评审委员会、某制药公司商标争议行政案[①]

【案件要旨】两商标在字母构成、字母顺序、整体视觉效果上相似，若共存于医药制剂、医用伤口包扎物等类似商品上，易使相关消费者混淆误认。

【关键词】商标共存；类似商品；近似商标；混淆误认

【案情简介】本案诉争商标为国际注册第1159947号"KINELSO"商标，由某药品公司于2013年6月1日申请注册，其初次申请国、注册国为丹麦，指定使用商品为第5类用于治疗癌症、皮肤疾病、血液病、肾脏病以及内分泌腺疾病的医药制剂，用于皮肤疾病、癌症和肌肤感染的药用粉剂、乳液、护肤液、凝胶体以及唇膏，医学用的黏合剂，医用伤口包扎物，治疗皮肤病、癌症以及肌肤感染的包扎物。

引证商标为第11281717号"KINESIO"商标，2012年7月31日申请注册，核定使用在第5类医用卫生制剂、医用胶带医药制剂、包扎绷带、医用敷料、外科包扎物、外伤药用棉、带有松紧并透气的医用胶带等商品上，商标专用权期限至2023年12月27日，现权利人为某公司。

2014年1月9日，（原）国家工商行政管理总局商标局作出《商标驳回通知书》，驳回诉争商标的注册申请。某药品公司不服，向（原）国家工商行政管理总局商标评审委员会（以下简称商标评审委员会）申请复审。2014年12月2日，商标评审委员会作出被诉决定，驳回原告某药品公司的诉讼请求。

[①] 参见北京知识产权法院（2015）京知行初字第2642号《民事判决书》。

【张茜点评】本案的争议焦点是诉争商标申请注册是否违反《中华人民共和国商标法》第三十条的规定,核心在于近似商标的认定标准。法院判决主文载明,诉争商标与引证商标在字母构成、字母顺序、整体视觉效果上相似,两商标若共存于医药制剂、医用伤口包扎物等类似商品上,易使相关消费者产生两商标指定使用商品的来源相同或具有一定联系的认知,引起混淆误认的发生,因此,两商标已构成使用在同一种或类似商品上的近似商标,不符合《中华人民共和国商标法》第三十条的规定。

(四)药品通用名称成功注册商标须起到区分药品来源的作用
——上海市某医院投资管理有限公司与国家工商行政管理总局商标评审委员会纠纷案[①]

【案件要旨】药品通用名称若要成为注册商标,必须能够起到区分药品来源的作用,而不仅仅是能够区分药品种类。

【关键词】通用名称;商品功能;注册商标

【案情介绍】上海市某医院投资管理有限公司(以下简称某公司)因商标权无效宣告请求行政纠纷一案,不服被告(原)国家工商行政管理总局商标评审委员会(以下简称商标评审委员会)于2016年2月23日作出的商评字〔2016〕第14270号《关于第11377130号商标无效宣告请求裁定书》,于法定期限内向北京知识产权法院提起行政诉讼。

被诉裁定系商标评审委员会针对某公司就第11377130号商标(以下简称诉争商标)提出的无效宣告请求作出,该裁定认定:诉争商标不属于药品领域内的通用名称,且未直接表示商品的功

[①] 参见北京知识产权法院(2016)京73行初1872号《民事判决书》。

能、用途等特点,具有商标应有的显著特征,未构成《中华人民共和国商标法》(以下简称《商标法》)第十一条所指不能作为商标注册的情形。某公司提交的证据不足以证明诉争商标违反该条规定。某公司关于诉争商标构成《商标法》第十条第一款第(七)项之情形的主张缺乏证据证明,故不予支持。某公司虽称诉争商标的申请构成以欺骗或不正当手段申请注册的情形,但无充分证据支持,故不能认定诉争商标违反了《商标法》第四十四条第一款的规定。综上,商标评审委员会裁定诉争商标予以维持。

最终法院驳回原告某公司的诉讼请求。

【张茜点评】依据《药品管理法》第五十条关于"列入国家药品标准的药品名称为药品通用名称"之规定,在诉争商标申请日前,该商标名称已是药品通用名称,且属于法定的通用名称。但由于某公司采取了中药保护品种保护、专利权保护等措施,并未使得该名称被通用化,故在仅由某公司生产同名药品的情况下,该名称亦起到了承载某公司商誉的作用。在此情形下,某公司将该药品通用名称申请注册为商标,应当理解为是其维护自身商誉的一种方式。对于医药企业而言,要想成功注册药品商标,就要时刻注意自己有关的药品通用名称不要被通用化,可以借鉴本案某公司的做法,采取新药中药保密品种、中药保护品种、专利保护,加大宣传力度,进而取得很高的知名度,使得足以起到区分商品来源的作用。

(五)药品商品名称报卫生部药政管理局批准后可申请商标注册
——广东省深圳市某制药厂与海南省海口市某制药厂关于"某冲剂"商标纠纷案

【案件要旨】药品生产企业对本企业生产的药品,可以根据实际需要,在法定的通用名称之外,另行拟定商品名称,报国家药品监督管理局批准后,方可向工商行政管理部门申请将该商品名作为商标注册。

【关键词】通用名称;药品注册;工商登记;商标

【案情介绍】由于《中华人民共和国专利法》规定药品没有专利,商标与药品通用名应分开,如将药品通用名称当作商标注册,将会造成管理上的混乱。广东省深圳市某制药厂(以下简称深圳某制药厂)与海南省海口市某制药厂就因"某冲剂"商标注册发生了纠纷。

深圳某制药厂作为药品通用名称收载于1987年版的《广东省药品标准》,其中"某冲剂"能否作为商标申请注册的情况在当时导致(原)卫生部和(原)国家工商行政管理总局(以下简称工商局)发生了矛盾,本案的争议焦点在于药品的通用名称能不能作为商标注册。最终卫生部在对海南省卫生厅的复函里明确表明"某冲剂"作为药品名称已收入广东省地方标准,属药品通用名,按照《中华人民共和国商标法》第八条第五款规定不应将此名称以商标注册。因此,工商局在没有征求(原)卫生部意见的情况下,将"某冲剂"等药品的通用名称作为商标核准注册是不合适的。这场纠纷导致(原)卫生部在1990年8月20日颁布了《关于进一步加强药品标准及名称管理的通知》。该通知要求,药品名称是药品标准的首要内容。药品生产企业对本企业生产的药品,可以根据实际需要,在法定的通用名称之外,另行拟定商品名,报相关部门批准后,方可向工商行政管理部门申请将该商品名作为商标注册。这次是卫生部首次提出介于药品通用名称和注册商标之间的过渡概念,即药品的商品名称。

【张茜点评】在具体的法律实践中,实际情况和工商登记的出入比较大,所以在药品的商品名称更换上,无论是进口药品,还是国产药品,在药品生产注册时要求提供药品的包装、标签、设计样稿,其中需要载明药品的商品名称作为药品注册申请材料的必备材料。

2006年3月15日,《国家食品药品监督管理局关于进一步规范药品名称管理的通知》及所附《药品商品名称命名规则》规定,药品商品名称应当符合《药品商品名称命名原则》的规定,并得到国家食品药品监督管理局批准后方可使用;药品广告宣传中不得使用未经批准作为商品名称使用的文字型商标;药品商品名称不得使用与他人使用的商品名称相同或者相近似的文字。

此外,我国对药品商品名称的使用实行行政管理制度,经药品行政管理部门批准使用的药品商品名称是否产生民事权益,取决于具体实际使用情况。经实际使用并具有一定影响的药品商品名称,可作为民事权益受法律保护。

二、药品专利

药品研发企业经研发药物、申请专利后拥有了新药的专利权,药品专利按照《中华人民共和国专利法》规定,包括发明专利、实用新型专利、外观设计专利等。药品专利是药品研发企业的"核心资产",一些药品研发企业耗费数年甚至几十年时间、投资千万元甚至上亿元,并承担较大的失败风险才得以研制出一款造福于民的专利药,因此药品专利非常需要得到保护。

然而不同的国家根据自身国情,对药品专利保护的态度有所不同:美国在药品专利保护方面实行"药品专利链接制度",欧盟对药品专利实施强保护,印度则是典型的药品专利弱保护的仿制药大国。这是国家出于以下方面的权衡做出的决定:一方面,药品专利强保护必将导致药价的抬高,不利于让更多民众获得质量高的药品,也让研发生产仿制药的企业面对专利药品望而生畏,最终只能选择仿制无专利侵权风险的低水平药,长期来看不利于药品行业的高水平发展;另一方面,药品专利弱保护不能保障生产专利药药企的利益,将导致药企研发积极性不高,同样不利于药品行业的高水平发展。

(一)向国家食品药品监督管理局药品评价中心申请注册仿制药的行为不构成对专利权的侵害

——某药业有限公司与某集团下属制药厂侵害发明专利权纠纷案[1]

【案件要旨】向国家食品药品监督管理局药品评价中心申请注册仿制药的行为,在本质上系请求行政机关给予行政许可的行为,并不属于《专利法》规定的"实施专利"的行为,不构成对涉案专利权的侵害。

【关键词】申请注册药品;侵害专利权

【案情简介】涉案专利的专利号为 ZL02123000.5,名称为"丁苯酚环糊精或环糊精衍生物包合物及其制备方法和用途",申请日为 2002 年 6 月 17 日,授权日为 2004 年 9 月 15 日。

2010 年 4 月 13 日,(原)国家食品药品监督管理总局向某药业有限公司颁发了编号为国药证字 H20100013 的新药证书,证书上载明药品名称为"丁苯酚氯化钠注射液",主要成分为丁苯酚。

2017 年 8 月 10 日,某药业有限公司通过北京市海诚公证处进行公证,在(原)国家食品药品监督管理局药品评价中心的官方

---

[1] 参见最高人民法院(2019)最高法民申 2178 号《再审审查与审判监督民事裁定书》、北京市高级人民法院(2018)京民终 474 号《民事判决书》。

网站查询到受理号为CYHS1600199的"丁苯酚氯化钠注射液"于2017年5月18日进入该中心,企业名称为"某集团下属制药厂",申请类型为"仿制"。

据此,某药业有限公司向法院提起诉讼,认为某集团下属制药厂申请注册"丁苯酚氯化钠注射液"仿制药的唯一目的就是在获得批准后上市销售,已构成对某药业有限公司专利权的侵害,某集团下属制药厂应当立即停止侵权行为。

该案经过北京知识产权法院一审、北京市高级人民法院二审和最高法院再审。最终,法院认为:某集团下属制药厂向药品评审中心申请注册涉案仿制药,该行为在本质上系请求行政机关给予行政许可的行为,并不属于《专利法》规定的"实施专利"的行为,故不构成侵害专利权的行为,驳回某药业有限公司的诉讼请求。

【陈艳丽点评】一般情况下,只要他人未经专利权人允许实施了《专利法》第十一条第一款规定的"实施专利"的行为,就会构成侵害专利权的行为。《专利法》第十一条第一款明确规定:"发明和实用新型专利权被授予后,除本法另有规定的以外,任何单位或者个人未经专利权人许可,都不得实施其专利,即不得为生产经营目的制造、使用、许诺销售、销售、进口其专利产品,或者使用其专利方法以及使用、许诺销售、销售、进口依照该专利方法直接获得的产品"。

但是,《专利法》第六十九条亦规定了不视为侵犯专利权的特殊情形,即法定的不视为侵害专利权的行为。其中,针对本案中,某集团下属制药厂为了向药品评价中心申请注册涉案仿制药而实施的制造行为,属于《专利法》第六十九条第五项规定:"为提供行政审批所需要的信息,制造、使用、进口专利药品或者专利医疗器械的,以及专门为其制造、进口专利药品或者专利医疗器械的",不视为侵犯专利权。

所以,如果为了提供行政审批所需要的信息,医药企业制造、使用、进口专利药品或者专利医疗器械的,以及专门为其制造、进口专利药品或者专利医疗器械的,无须担心侵害相关专利权。

另外,如果专利权人发现其他药企所申请注册的产品涉嫌侵害自己的专利权,还需积极关注和追踪产品上市,广泛收集线索,并不建议单纯凭借对方的行政审批行为提起专利侵权诉讼。

(二)在无效阶段对马库什方式撰写的化合物权利要求进行修改必须给予严格限制

——北京市某药业有限责任公司与国家知识产权局专利复审委员会、某会社发明专利权无效行政纠纷案[1]

【案件要旨】马库什方式撰写的化合物权利要求一直被视为结构式的表达方式,而非功能性的表达方式。马库什权利要求限定的是并列的可选要素而非权利要求,应当符合《中华人民共和国专利法》(以下简称《专利法》)和《中华人民共和国专利法实施细则》(以下简称《实施细则》)关于单一性的规定。马库什权利要求应当被视为马库什要素的集合,而不是众多化合物的集合,应当理解为具有共同性能和作用的一类化合物。在无效阶段对马库什权利要求进行修改必须给予严格限制。马库什权利要求创造性判断应当遵循创造性判断的基本方法。

【关键词】专利无效;马库什权利要求;权利要求修改;三步法

【案情简介】某会社系名称为"用于治疗或预防高血压症的药

---

[1] 参见最高人民法院(2016)最高法行再41号《再审行政判决书》。

物组合物的制备方法"、专利号为97126347.7的发明专利的权利人,该专利授权公告的《权利要求书》中采用了马库什权利要求撰写方式。2010年4月23日,北京市某药业有限责任公司(以下简称某药业公司)针对该专利权向国家知识产权局专利复审委员会(以下简称专利复审委员会)提出无效宣告请求。

2010年8月30日,某会社针对该无效宣告请求陈述了意见,同时对其《权利要求书》进行了修改,包括:删除了权利要求1中"或其可作药用的盐或酯"中的"或酯"两字;删除权利要求1中部分马库什权利要求中的可选要素。

2011年1月12日,专利复审委员会进行了口头审理。在口头审理过程中专利复审委员会告知某会社,对于其于2010年8月30日提交的修改文本中删除权利要求1中"或酯"的修改予以认可,但其余修改不符合《实施细则》规定,不予接受。

2011年1月14日,某会社提交了《意见陈述书》和修改后的《权利要求书》替换页,其中删除权利要求1中的"或酯"。2011年4月1日,专利复审委员会作出第16266号无效宣告请求审查决定,在某会社于2011年1月14日提交的修改文本基础上,维持本专利权全部有效。

北京市某药业有限责任公司不服第16266号无效宣告请求审查决定,提起行政诉讼,该案经过一审、二审和再审,主要围绕以下焦点进行:① 以马库什方式撰写的化合物权利要求属于概括的技术方案,还是众多化合物的集合;② 在宣告无效阶段,权利人可以采取什么方式修改马库什权利;③ 本专利申请权利要求1是否具有创造性。

一审法院支持复审委员的观点认为:① 对该马库什权利要求中马库什要素的删除并不直接等同于并列技术方案的删除,

不符合《实施细则》的规定;② 通过"三步法"判断本专利权利要求1相对于证据1是非显而易见的,符合《专利法》关于创造性的规定。

二审法院认为:① 马库什权利要求涉及化合物时,这些化合物之间是并列选择关系,每个化合物是一个独立的技术方案,而马库什要素的删除缩小了专利权的保护范围,符合《实施细则》的规定,应当允许专利权人删除相关的选择项。但是,允许修改的界限在于不得使修改后的权利要求成为说明书中未载明的具体化合物;② 只要在马库什权利要求所涵盖的具体实施例与现有技术中至少一个具体化合物的技术效果相比,不具有预料不到的用途或者效果,那么该马库什权利要求就不具备创造性。本专利权利要求所涵盖的一个具体实施例的效果与现有技术的证据1中一个实施例的技术效果相当,因此,本专利权利要求1未取得预料不到的技术效果,不具备创造性。

最高人民法院认为:① 马库什方式撰写的化合物权利要求一直被视为结构式的表达方式,限定的是并列的可选要素而非权利要求,应当符合单一性的规定。马库什权利要求应当被视为马库什要素的集合,而不是众多化合物的集合,应当理解为具有共同性能和作用的一类化合物;② 在无效阶段对马库什权利要求进行修改必须给予严格限制,允许对马库什权利要求进行修改的原则应当是不能因为修改而产生新性能和作用的一类或单个化合物,但是同时要充分考量个案因素。如果允许专利申请人或专利权人删除任一变量的任一选项,即使该删除使得权利要求保护范围缩小,不会损伤社会公众的权益,但由于是否会因此产生新的权利保护范围存在不确定性,不但无法给予社会公众稳定的预期,也不利于维护专利确权制度稳定;③ 创造性判断应当遵循《专利审查指南》

所规定的"三步法"。意料不到的技术效果是创造性判断的辅助因素,不宜跨过"三步法"直接适用具有意想不到的技术效果来判断专利申请是否具有创造性。综上,最高人民法院维持一审法院行政判决。

【陈艳丽点评】马库什权利要求是指一项申请在一个权利要求中限定多个并列的可选择要素,是一种在医药化学专利中常用的权利要求撰写方式。通常医药化学专利中的化学通式中会设置多个相互可替代或者并列的基团,或者多个取代基基团没有共同上位概念可概括,这时就可以采取马库什权利要求撰写方式来解决。

由于马库什权利要求的特殊性,针对无效程序中能否进行马库什要素的删除式修改,在本案判决书生效之前一直存在很大的争议。有的观点认为,马库什权利要求应作为整体技术方案看待,对整体技术方案的删除式修改不属于《专利审查指南》规定的修改方式,不能被接受,这也是一审法院和专利复审委在本案中所持观点。有的观点认为,马库什权利要求中的可选择要素是并列关系,构成了并列技术方案,对某一并列技术方案的删除式修改属于《专利审查指南》规定的修改方式,理应被允许,这也是二审法院在本案中所持观点。实践观点差异过大,行政与司法做法不统一,对相关专利权的稳定性造成很大影响,也无法对当事人的权益提供稳定的保护。

直至最高人民法院提审了本案,在本案中论述了马库什权利要求的性质,并在考虑化学领域发明创造的特殊性及个案因素的基础上,最终对马库什要素的删除式修改给出了方向,才解决了长期以来各个审判主体观点不统一的局面。

基于最高人民法院的再审判决可以看出,最高人民法院认为在宣告无效阶段并不应完全禁止对进行马库什要素的删除式修改,而应对马库什权利要求进行修改给予严格限制。允许对马库什权利要求进行修改的原则应当是"不能因为修改而产生新性能和作用的一类或单个化合物,但是同时要充分考量个案因素"。

"不能因为修改而产生新性能和作用的一类或单个化合物"是指不能因为修改使得删除后的马库什权利要求所包含的化合物取得说明书中未记载的技术效果、性能或作用。

"同时也要充分考量个案因素"是指需要充分考虑马库什权利要求的具体构成,以及涉及的具体技术方案,在删除式修改后会不会产生负面或消极影响,比如,新的权利保护范围存在不确定性。如该案的《再审行政判决书》中所说,化学领域发明专利申请审查存在诸多特殊问题,比如,化学发明是否能够实施需要借助于实验结果才能确认,有的化学产品需要借助于参数或者制备方法定义,已知化学产品新的性能和用途并不意味着结构或者组分的改变等。如果允许专利申请人或专利权人删除任一变量的任一选项,即使该删除使得权利要求保护范围缩小,不会损伤社会公众的权益,但是否因此产生新的权利保护范围存在不确定性,不但无法给予社会公众稳定的预期,也不利于维护专利确权制度稳定。

最高人民法院的判决给能否在宣告无效阶段,采用删除式修改马库什权利要求指明方向,但也给专利权人或专利申请人带来了压力。删除式修改马库什权利要求在宣告无效阶段受到限制,使得专利权人的处境更加被动,也对专利权稳定性带来更大的风险。目前,删除式修改马库什权利要求在授权阶段并未限制,申请人在专利实质审查阶段仍有机会通过删除式修改缩小保护范围,使得马库什权利要求更为稳定。

(三)方法专利权的保护范围只包含依照专利方法直接获得的原始产品

——张某某与河北省石家庄制药集团 A 有限公司(以下简称 A 公司)、河北省石家庄制药集团 B 制药有限公司(以下简称 B 公司)、河北省石家庄制药集团 C 制药技术有限公司(以下简称 C 公司)、吉林省 D 药业有限公司(以下简称 D 公司)侵犯发明专利权纠纷案①

【案件要旨】在涉及新产品制造方法专利的侵权纠纷案件中,方法专利权的保护范围只包含依照专利方法直接获得的原始产品,不包括对原始产品进一步处理后获得的后续产品。

【关键词】方法专利权;新产品;原始产品;后续产品

【案情简介】涉案专利是专利号为 001027018、名称为"氨氯地平②对映体的拆分"发明专利(简称涉案专利),2003 年 1 月 29 日被授予专利权,专利权人为原告张某某。涉案专利公开了制造左旋氨氯地平③的方法,由左旋氨氯地平可进一步制得马来酸左旋氨氯地平④、苯磺酸左旋氨氯地平⑤等下游产品。

马来酸左旋氨氯地平和马来酸左旋氨氯地平片新药由 C 公司研发,B 公司生产了马来酸左旋氨氯地平(原料药),A 公司生

---

① 参见最高人民法院(2009)民提字第 84 号《再审民事判决书》、吉林省高级人民法院(2006)吉民三终字第 146 号《民事判决书》。
② 氨氯地平:是一种治疗高血压及冠状动脉疾病的药物。——董佳莉补充
③ 左旋氨氯地平:为二氢吡啶类钙通道阻滞药,适用于高血压和心绞痛。——董佳莉补充
④ 马来酸左旋氨氯地平:适用于高血压病和慢性稳定性心绞痛及变异型心绞痛。——董佳莉补充
⑤ 苯磺酸左旋氨氯地平:是一种功能强大的二氢吡啶钙通道阻滞剂,具有舒张血管的作用,可用于高血压、心绞痛的治疗。——董佳莉补充

产了马来酸左旋氨氯地平片（终端产品），D公司销售了侵权产品。

所以，张某某起诉请求A公司、B公司、C公司停止侵权行为并承担赔偿责任。A公司、B公司、C公司向一审法院提交了专利号为200310119335.7，名称为"一种光学活性氨氯地平的拆分方法"（以下简称335专利）的《发明专利申请公开说明书》，用以证明其制造被诉侵权产品的方法与涉案专利方法不同。

鉴定后，法源中心出具检验报告称：在相同试验条件下，采用335专利的《专利说明书》中公开最充分且对映体过量最高的实施例1中描述的氨氯地平药物生成方法进行试验，试验结果与说明中的表述在对映体过量方面存在过大差异，使用335专利提供的化学方法，不能达到拆分氨氯地平的目的。

一审和二审法院认为，在此之前，我国国内没有制造左旋氨氯地平的工业技术，涉案专利应为新产品的制造方法专利，理应有被告承担举证责任证明其产品制造方法不同于专利方法；左旋氨氯地平作为一种化合物，其必须与马来酸、苯磺酸等经成盐工艺成为马来酸左旋氨氯地平、苯磺酸左旋氨氯地平后，才真正成为产品，涉案专利能够延及被告生产的马来酸左旋氨氯地平及其片剂；经法源中心鉴定，被告提供的专利方法不能实现拆分氨氯地平的目的，被告未能证明其产品制造方法不同于涉案专利方法，应依法承担相应的侵权责任。

再审过程中，经最高人民法院组织，对被诉侵权产品的制造方法进行现场勘验，验证依照A公司的335专利方法能否制得左旋氨氯地平。经A公司检测，现场试验获得的最终产物为左旋氨氯地平。

最高人民法院再审认为，虽然涉案专利是一项新产品制造方法专利,但要由被诉侵权人承担证明其产品制造方法不同于专利方法的举证责任,还须由权利人张某某证明被诉侵权人制造的产品与依照专利方法直接获得的产品属于同样的产品。但根据涉案专利方法直接获得的产品是制造左旋氨氯地平和右旋氨氯地平的中间产物,而非左旋氨氯地平和右旋氨氯地平本身。原告提供的证据并不足以证明被告制造的产品与依照涉案专利方法直接获得的产品属于同样的产品,本案不应由被告承担证明其产品制造方法不同于专利方法的举证责任。此外,现场试验结果证明,A公司关于依照自有方法制造左旋氨氯地平的抗辩理由成立,撤销二审判决,驳回原告诉请。

【陈艳丽点评】《专利法》规定,"专利侵权纠纷涉及新产品制造方法的发明专利的,制造同样产品的单位或者个人应当提供其产品制造方法不同于专利方法的证明。"根据该规定,在涉及新产品的专利侵权纠纷案件中,应由被诉侵权人承担证明其产品制造方法不同于专利方法的举证责任。

适用前述条款的前提有以下两点:① 涉案方法专利是新产品的制造方法;② 被诉侵权人制造的产品与依照专利方法直接获得的产品属于同样的产品。依照专利方法直接获得的产品是指使用专利方法获得的原始产品,而不包括对该原始产品作进一步处理后获得的后续产品。例如,在本案中,法院认定根据涉案专利方法直接获得的产品是制造左旋氨氯地平和右旋氨氯地平的中间产物,虽然是新产品,但与被诉侵权人制造的产品不相同,不能适用该条款。

本案中详细论述了新产品制造方法专利权延伸保护的问题,就新产品制造方法专利侵权纠纷案件中的举证责任分配问题和被诉侵权人自由方法实施的抗辩问题发表了意见,对此类案件的审理操作具有实际指导意义。

(四)专利权人放弃的技术方案,不能通过等同侵权纳入专利权的保护范围

——湖北省某药业股份有限公司与某制药有限公司、王某某侵犯发明专利权纠纷案[①]

【案件要旨】专利权人在专利授权程序中通过对《权利要求、说明书》的修改或者意见陈述而放弃的技术方案,无论该修改或者意见陈述是否与专利的新颖性或者创造性有关,在侵犯专利权纠纷案件中均不能通过等同侵权将其纳入专利权的保护范围。

【关键词】封闭式结构;等同;禁止反悔原则

【案情简介】涉案专利是名称为"一种防治钙质缺损的药物及其制备方法"发明专利,专利号为 ZL95117811.3,授权公告日为 2001 年 1 月 10 日。该专利权利要求 1 为:"一种防治钙质缺损的药物,其特征在于:它是由下述重量配比的原料制成的药剂:活性钙 4—8 份,葡萄糖酸锌 0.1—0.4 份,谷氨酰胺或谷氨酸 0.8—1.2 份"。

涉案专利申请公开文本中,其独立权利要求为可溶性钙剂,可溶性钙剂包括葡萄糖酸钙、氯化钙、乳酸钙、碳酸钙或活性钙。但在实质审查过程中,申请人根据审查员的要求,将《权利要求、说明书》中"可溶性钙剂"修改为"活性钙"。

鉴定机构报告显示,湖北省某药业股份有限公司(以下简称某药业公司)产品含有葡萄糖酸钙,而涉案专利是活性钙,两者等同;某药业公司的产品为盐酸赖氨酸,涉案专利为谷氨酰胺或谷氨酸,

---

[①] 参见最高人民法院(2009)民提字第 20 号《再审民事判决书》、河北省高级人民法院(2007)冀民三终字第 23 号《民事判决书》。

两者等同;除上述特征等同外,某药业公司的产品与涉案专利两者用途相同,其余原料相同,均为葡萄糖酸锌,各种原料的用量比例相同。

一审和二审法院认为,本案专利权人在专利申请过程中根据专利审查员的意见对《权利要求、说明书》进行了修改,将独立权利要求中的"可溶性钙剂"修改为"活性钙",并非为了使其专利申请因此具有新颖性或创造性,而是为了使其权利要求得到《权利要求、说明书》的支持,故此修改不产生禁止反悔的效果,被告侵权成立。

最高人民法院再审认为,专利权人在专利授权程序中对权利要求1所进行的修改,放弃了包含"葡萄糖酸钙"技术特征的技术方案。根据禁止反悔原则,专利申请人或者专利权人在专利授权或者无效宣告程序中,通过对《权利要求、说明书》的修改或者意见陈述而放弃的技术方案,在专利侵权纠纷中不能将其纳入专利权的保护范围。因此,涉案专利权的保护范围不应包括"葡萄糖酸钙"技术特征的技术方案,被诉侵权产品没有落入专利权的保护范围,撤销一审和二审判决,驳回原告诉请。

【陈艳丽点评】禁止反悔原则是指专利申请人、专利权人在专利授权或者无效宣告程序中,通过对《权利要求、说明书》的修改或者意见陈述而放弃的技术方案,权利人在侵犯专利权纠纷案件中不能再将其纳入专利权保护范围。简而言之,其本质是禁反言原则,即对于已放弃的技术方案,专利权人不能反悔再次纳入保护范围,这是国际通用原则。

在司法实践中,禁反言原则是对等同原则的较为重要的限制性原则。就如本案中,专利权人已在审查过程中弃了包含"葡萄糖酸钙"技术特征的技术方案,就不能主张其现有的专利权范围包括了"葡萄糖酸钙"技术特征,"葡萄糖酸钙"技术特征与涉案专利的"活性钙"就不能视为等同。

所以,专利申请人、专利权人在对《权利要求、说明书》进行修改或者意见陈述时,需要慎重考虑和反复斟酌,避免当前的限制性解释或修改对后续的维权造成影响。

(五) 专利行政执法是专利保护的重要手段
——北京市知识产权局处理"用 ω-羧基芳基取代的二苯脲作为 raf 激酶抑制剂"发明专利侵权纠纷案[①]

【案件要旨】专利行政执法是专利保护的重要手段之一,知识产权行政管理部门正加大行政执法力度,知识产权保护工作取得显著成效。

【关键词】专利行政保护;涉外主体;跨国医药企业

【案情简介】请求人某医药保健有限责任公司于 2000 年 1 月 12 日向国家知识产权局提出了名称为"用 ω-羧基芳基取代的二苯脲作为 raf 激酶抑制剂"的发明专利申请,2005 年 9 月 21 日获得授权,专利号为 ZL00802685.8。该专利权在请求人提起侵权纠纷处理请求时合法有效。请求人认为,被请求人某公司未经许可在其官方网站和展会上许诺销售的索拉非尼[②]、甲苯磺酸索拉非尼[③]两种产品,与请求人专利产品的名称及 CAS 登记号完全一致,且并未获得授权生产。该产品落入涉案发明专利的权利要求的保护范围,被请求人的行为侵犯了请求人的专利权,于 2018

[①] 参见北京知识产权局发布的 2018 年北京市专利行政保护十大典型案例。

[②] 索拉非尼是一种新型多靶向性的治疗肿瘤的口服药物。用于治疗对标准疗法没有响应或不能耐受之胃肠道基质肿瘤和转移性肾细胞癌。——董佳莉点评

[③] 甲苯磺酸索拉非尼:甲苯磺酸索拉非尼片(商品名:多吉美),用于治疗肝、肾细胞癌的临床抗癌药剂。——董佳莉点评

年4月向北京市知识产权局提出专利侵权纠纷处理请求。

经审理,北京市知识产权局于2018年7月认定涉案产品是化学物质索拉非尼和甲苯磺酸索拉非尼,均在涉案专利权利要求的保护范围之内,被请求人许诺销售涉案产品的行为构成专利侵权,责令其停止许诺销售侵犯涉案专利的索拉非尼、甲苯磺酸索拉非尼,删除许诺销售相关网站信息,销毁印有侵权产品信息的所有宣传资料。

【陈艳丽点评】 除了常见的专利侵权诉讼司法保护手段,专利行政保护也是专利权人可以考虑的手段之一。相较于专利司法保护,专利行政保护具有费用成本相对少、处理速度快和效力高的优势。

当前我国所创建的专利司法保护和专利行政保护并行的专利保护体系,为专利权人提供了知识产权纠纷多元解决途径,更有利于为企业创造知识产权保护环境。专利权人可以根据个案和自身的情况,灵活选择保护方式,不必拘泥于司法保护。

(六) 认定"商业秘密"时,执法机关可以向鉴定机构申请鉴定,并征求相关专家意见

——江苏省某食品有限公司、上海市某新技术有限公司诉王某集团有限公司、浙江省宁波市王某科技股份有限公司侵害技术秘密纠纷案[①]

【案件要旨】 认定"商业秘密"时,执法机关可以向鉴定机构申请鉴定,并征求相关专家意见,进而认定是否构成"商业秘密"。

【关键词】 行政处罚;商业秘密;反不正当竞争

【案情介绍】 2019年12月,江苏省连云港市场监管局接江苏省某食品有限公司(以下简称A食品公司)举报,称其南瓜蛋挞配

---

① 参见最高人民法院(2020)最高法知民终1667号《民事判决书》。

方的商业秘密被公司原技术开发部张某和现任销售部长马某,窃取并泄露给其竞争对手江苏省某食品有限公司(以下简称B食品公司)使用。经司法鉴定机构鉴定,A食品公司的南瓜蛋挞配方、工艺及客户名单构成商业秘密。

经查,张某系A食品公司原技术开发部工作人员,张某掌握该企业商业秘密中的技术信息。2019年2月,张某从A食品公司辞职后于当月加入B食品公司,张某在B食品公司任职期间直接使用了其所掌握的A食品公司商业秘密中的特征性工艺,生产出同类产品并进行了实际销售,侵犯了A食品公司的商业秘密。

马某掌握A食品公司秘密中的客户名单,马某向其所掌握的客户推销B食品公司同类产品并进行了实际销售,马某侵犯了A食品公司的商业秘密。

B食品公司由马某等4名股东设立,于2019年9月底获得食品生产许可证后生产销售和A食品公司同类的产品,与A食品公司属于市场竞争的关系。B食品公司明知张某和马某掌握A食品公司的商业秘密,仍在经营活动中使用了张某所掌握的技术信息和马某所掌握的经营信息,侵犯了A食品公司的商业秘密。2020年10月,执法机关根据《中华人民共和国反不正当竞争法》(以下简称《反不当竞争法》)第二十一条规定,责令当事人停止侵犯A食品公司商业秘密行为,没收违法所得23 190.94元,处50万元罚款。

【陈艳丽点评】本案是通过行政手段保护商业秘密的典型案例。类似于专利权的保护,商业秘密的保护也是多元化途径,不仅有司法保护,也有行政保护。《反不正当竞争法》第二十一条明确规定:"经营者及其他自然人、法人和非法人组织违反本法第九条规定侵犯商业秘密的,由监督检查部门责令停止违法行为,没收违法所得,处十万元以上一百万元以下的罚款;情节严重的,处五十万元以上五百万元以下的罚款。"

  值得一提的是,前述条款明确规定了侵犯商业秘密的,相关主管部门处理可以责令停止违法行为外,还可以没收违法所得并处以一定数额的罚款。相较于专利行政保护,商业秘密的行政保护执行部门可以采取惩罚性的手段,对侵权人的惩罚力度更大,震慑力更强。

后　　记

　　和一伙法学院、医学院出身的年轻人一起出本法律书,是我这个"老法律人"始料未及的事,这是个非常有趣而值得期待的过程。三十多年前我从法律院校毕业,从司法行政到执业律师,从公司法务到任教高校……法律"初心"未曾改变。

　　参编本书的各位优秀法律人,以对专业的热忱,对时代的责任感,对社会的担当而笔耕;以探索食药领域的真理而执着,通过以案说法、以案释法,来彰显法治的本意。这着实令我非常动容,真是难能可贵!

　　民以食药为天,食品和药品在健康中国行动纲要中是重要的一环。在通过全方位、全领域打造健康中国的同时,我也期待本书从法律层面有助于打造一个"全健康"的中国。

马金辉

2024 年 6 月

图书在版编目（CIP）数据

法律人视野下的食品药品：典型案例精编与评析／马金辉，白文慧主编．— 上海：上海社会科学院出版社，2024
ISBN 978-7-5520-4001-2

Ⅰ.①法… Ⅱ.①马…②白… Ⅲ.①食品卫生法—案例—中国②药品管理法—案例—中国 Ⅳ.①D922.165

中国版本图书馆 CIP 数据核字（2022）第 215636 号

法律人视野下的食品药品——典型案例精编与评析

主　　编：马金辉　白文慧
责任编辑：范冰玥
封面设计：裘幼华
出版发行：上海社会科学院出版社
　　　　　上海顺昌路 622 号　邮编 200025
　　　　　电话总机 021-63315947　销售热线 021-53063735
　　　　　https://cbs.sass.org.cn　E-mail:sassp@sassp.cn
排　　版：南京展望文化发展有限公司
印　　刷：上海龙腾印务有限公司
开　　本：890 毫米×1240 毫米　1/32
印　　张：6.625
字　　数：155 千
版　　次：2024 年 6 月第 1 版　2024 年 6 月第 1 次印刷

ISBN 978-7-5520-4001-2/D·670　　　　　定价：65.00 元

版权所有　翻印必究